CANCER

TOUTES VOS QUESTIONS
TOUTES LES RÉPONSES

MARINA CARRÈRE D'ENCAUSSE
et
MICHEL CYMES

CANCER
TOUTES VOS QUESTIONS
TOUTES LES RÉPONSES

Préface du Pr Henri Pujol
président de la Ligue nationale contre le cancer
Avec la collaboration du Dr Charlotte Tourmente

MARABOUT

REMERCIEMENTS

au Dr Françoise May-Levin
pour sa vigilante relecture

© Éditions Michel Lafon, 2007
© Hachette Livre (Marabout), 2008

SOMMAIRE

PRÉFACE 9

AVANT-PROPOS 11

Chapitre I. Les cancers. Généralités...................... 15

Chapitre II. Prévention,
les bonnes habitudes à prendre 49

Chapitre III. Dépistage : le moyen d'augmenter
les chances de guérison....................................... 81

Chapitre IV. Les divers traitements 91

Chapitre V. Les principaux cancers 135

Chapitre VI. La psychologie,
essentielle tout au long de la maladie.................... 227

Chapitre VII. Les questions pratiques,
socio-professionnelles et financières...................... 249

Chapitre VIII. L'avenir, les espoirs 267

GLOSSAIRE 275

ADRESSES UTILES.. 283

TABLE DES MATIÈRES 289

Préface

L e besoin et même l'exigence de la personne soignée d'être informée seront probablement retenus comme le fait sociologique majeur de la cancérologie de la fin du XXe siècle. Une preuve éclatante en a été donnée lors des premiers États généraux des malades atteints de cancer organisés par la Ligue contre le cancer le 28 novembre 1998. Ce jour-là, dans un amphithéâtre à Paris, 1 200 malades, en majorité des femmes, m'ont littéralement « capturé » ainsi que Bernard Kouchner par une déferlante de questions. Ce sont les malades eux-mêmes qui ont brisé le mur du silence en indiquant aux soignants que la confiance survivait mal dans l'état d'ignorance où ils sont parfois relégués. Or certains textes réglementaires ou professionnels jalonnent déjà le parcours d'une bonne information. Citons le code de déontologie : « Le médecin doit une information claire, loyale et appropriée » ; ou la charte du malade hospitalisé : « Une information cohérente doit être donnée à la famille et aux proches. » L'information est ainsi l'un des points clés de la relation soignant-soigné. La bonne information n'est pas sans influence sur l'acceptation ni parfois sur le partage de la décision thérapeutique.

On sait maintenant que l'information fait partie du traitement. Le mouvement actuel qui entraîne les malades et leurs familles à exiger d'avantage d'écoute, d'explications est irréversible. Il s'agit bien d'une révolution sociale dans toute l'acception du terme, avec modification des rapports sociaux entre les acteurs à l'issue de la révolution. La Ligue contre le cancer n'a pas créé ce mouvement, mais elle l'a amplifié en passant d'un rôle d'assistance à un rôle d'action pour les malades et avec les malades.

Je n'ai pas été surpris du très grand succès d'audience de l'émission sur le cancer réalisée en pleine soirée par Marina Carrère d'Encausse et Michel Cymes. Un tel succès était impensable il y a seulement dix ans. Il ne faut pas oublier que 1 200 000 personnes sont traitées, ont été traitées pour un cancer ou en sont guéries dans notre pays. Mais, même pour les personnes guéries et pour leurs familles, les questions perdurent sur les séquelles possibles, sur les droits sociaux, sur le retour au travail, sur l'assurabilité.

Je remercie et je félicite les auteurs de l'émission d'avoir su la prolonger par une présentation très pédagogique sous la forme d'un kaléidoscope de questions-réponses. Cet ouvrage sera d'une grande utilité, étant bien entendu que la vérité en cancérologie est évolutive en fonction des données de la science. Ce livre n'exclut pas les autres sources d'information, mais il peut contribuer à réactiver un dialogue avec le médecin généraliste ou le cancérologue. Il peut également, comme un trait d'union entre soignants et soignés, atténuer l'inquiétude et parfois le désarroi de l'entrée en maladie, participant à une prise en charge plus informative et plus solidaire.

Pr Henri Pujol
président de la Ligue nationale contre le cancer

AVANT-PROPOS

« U ne émission sur le cancer ? Vous êtes fous ? En soirée, en plus ? Vous allez droit dans le mur… » Combien de fois avons-nous entendu ce genre de réflexions quand nous proposions notre projet ! Le projet « suicidaire » de parler de cette maladie qui pourtant, à entendre tous les spécialistes, ne devrait plus être synonyme de condamnation à mort.

Avec notre ami producteur Christian Gerin, nous étions persuadés que le service public devait aider les Français à obtenir des réponses à des questions qu'ils n'osent pas poser aux médecins. Et même si les médecins, d'ailleurs, leur donnent spontanément des explications, l'état de sidération qui suit le diagnostic empêche souvent les malades d'« enregistrer », de discerner, de relativiser.

Nous avons donc dû convaincre, bousculer les tabous, venir à bout des réticences. Et nous avons fini par gagner. Gagner le droit de proposer au public une soirée entièrement consacrée au cancer.

L'audience a été au-delà de nos espérances, confirmant, en dehors du succès d'Audimat, l'utilité d'une telle démarche.

Mais, surtout, l'afflux incroyable de questions arrivées en direct par SMS nous a montré combien les malades ou leurs familles étaient désemparés.

Imaginez qu'on vous annonce un cancer. Vous rentrez chez vous hébété(e), assommé(e). Vous souvenez-vous d'un seul mot prononcé par le médecin ? D'une simple parole de l'infirmière ou, dans le meilleur des cas, du psychologue ? Pas sûr.

Mais, les jours suivants, combien de problèmes se posent dans votre tête ! Votre avenir, bien entendu. Vos chances de vous « en sortir ». Et comment supporterez-vous les traitements ? Et que dire à votre famille ? Et votre emploi... et vos crédits, que vont-ils devenir ? Tant d'interrogations... et si peu de réponses.

Ce soir-là, nous avons reçu dix mille questions. Dix mille questions en deux heures d'émission ! Nous avons essayé de répondre à des dizaines d'entre elles, mais nous avons dû en laisser tant d'autres de côté... Nous sommes sortis du plateau de l'émission terriblement frustrés. Nous nous culpabilisions à l'idée de n'avoir pu apaiser toutes ces angoisses que vous nous aviez exprimées. De n'avoir pu rassurer ceux qui s'inquiétaient pour un proche, ni redonné de l'espoir à ceux qui nous écrivaient que la médecine ne pouvait plus rien pour eux et qu'il fallait arrêter les discours optimistes.

C'est là que nous est venue l'envie d'écrire ce livre, pour continuer le dialogue que nous avions entamé avec vous. Et vous donner des raisons d'espérer.

Oui, le cancer tue, mais nous étions là pour montrer, prouver que les choses avancent. Pas assez vite quand on est directement touché par l'épreuve, mais elles avancent.

L'espérance de vie a considérablement augmenté en quelques décennies. Près de la moitié des cancers guérissent. Oui, près de la moitié. Alors, bien sûr, on nous rétorquera qu'il s'agit d'une moyenne, de chiffres, tellement froids quand on est confronté soi-même à une maladie aussi grave. Il n'empêche que ces chiffres prouvent que chaque malade doit être convaincu de la nécessité de se battre. Et de croire à la victoire !

Regroupées par chapitre, les questions le plus souvent posées trouveront une réponse dans ces pages.

Cet ouvrage n'est pas un traité exhaustif sur les cancers. Il se veut pragmatique, concret. Proche de vous.

Il n'aura de sens que s'il vous a aidé vraiment.

Michel Cymes & Marina Carrère d'Encausse

CHAPITRE I
LES CANCERS. GÉNÉRALITÉS

L e cancer… Un mot qui reste tabou, qui met mal à l'aise, qui effraie… Une maladie dont souffrent pourtant près de 320 000 personnes en France chaque année, avec l'espoir de guérir. Car aujourd'hui nous disposons d'un arsenal de thérapeutiques pour lutter contre cette maladie et redonner confiance à ceux qui en sont atteints. En France, on guérit environ la moitié des cancers !

QU'EST-CE QU'UN CANCER ?

Notre corps est composé de 100 000 milliards de cellules. Lorsqu'un cancer apparaît, les cellules de nos organes subissent des modifications irréversibles, petit à petit et pendant plusieurs années. Elles ne sont plus capables de réparer leurs anomalies et elles se multiplient de manière incontrôlée. Elles vont alors former une masse de cellules cancéreuses, appelée tumeur maligne ou cancer. Ce cancer se développe à partir d'un organe précis : le sein, le côlon, la prostate… Il y a donc de nombreux types de cancers, différents, avec des caractéristiques qui leur sont propres et auxquelles le traitement devra s'adapter. Le cancer est dit « in situ » lorsqu'il reste bien limité dans le tissu où il a pris naissance. S'il se met à envahir d'autres tissus, il est dit « infiltrant ». Il peut alors s'étendre encore plus loin en passant par les vaisseaux sanguins et les vaisseaux lymphatiques, et donner une tumeur à distance : la métastase.

CANCER PRIMITIF, MÉTASTASES, CANCER GÉNÉRALISÉ : QUELLES DIFFÉRENCES ?

On appelle cancer primitif, ou tumeur primitive, la masse formée par les premières cellules cancéreuses. Elle est située dans un organe bien précis, qu'elle agresse et détruit, ou comprime, au fur et à mesure qu'elle grossit. Le cancer primitif peut migrer dans d'autres parties du corps et former des métastases. Le cancer primitif est donc le point de départ de celles-ci. Elles se développent le plus souvent dans les poumons, les os, le cerveau, le foie ou la peau. Les métastases de certains cancers ont des localisations « préférées », le cancer de la prostate donne fréquemment des métastases dans les os, celui du poumon dans le foie ou le cerveau. Mais, pour beaucoup, il n'y a pas de règle ni d'explication. Il est aussi possible de découvrir les métastases avant le cancer primitif, notamment lorsqu'elles entraînent des signes plus importants que ce dernier : une métastase osseuse dans les vertèbres provoque des douleurs à cet endroit, par exemple.

Le cancer peut aussi s'étendre aux organes qui lui sont proches. Ainsi, un cancer de l'utérus peut s'étendre aux ovaires, à la vessie, à tout ce qui entoure l'utérus.

Ne pas confondre avec un deuxième cancer, indépendant du premier, qui peut se développer dans un délai variable, parfois des dizaines d'années plus tard. Et il est malheureusement dû au seul fruit du hasard.

PEUT-ON PRÉVOIR QUELLE SERA L'ÉVOLUTION D'UN CANCER ?

L'évolution d'un cancer est difficilement prévisible. Les facteurs qui entrent en compte sont trop nombreux pour que l'on puisse établir des règles strictes et fiables. Entre autres, l'évolution dépend de la personne qui est malade, de la manière dont son corps va réagir pour lutter contre cette maladie, de sa sensibilité aux traitements, etc. Il existe quand même des facteurs pronostics : la taille de la tumeur, l'existence ou non de ganglions, leur taille, la présence de récepteurs aux hormones pour le cancer du sein, par exemple, donnent des indications sur l'évolution.

Les cancers sont, de plus, très différents, d'un organe à l'autre bien sûr (un cancer du sein n'est pas le même qu'un cancer du larynx), mais aussi, pour un même organe, d'une personne à l'autre. Différents types de cancers existent en fonction des caractéristiques des cellules cancéreuses, elles peuvent être plus ou moins agressives vis-à-vis de l'organe qu'elles ont envahi ou plus ou moins aptes à former des métastases... Il ne faut jamais oublier que chaque cas est différent, que les statistiques qui chiffrent la gravité du cancer restent des statistiques, et qu'il y a toujours l'exception qui confirme la règle.

COMMENT ÉTABLIT-ON LE DIAGNOSTIC D'UN CANCER ?

De nombreux signes peuvent annoncer un cancer. Ils sont tellement banals qu'on leur trouve généralement une explication anodine. Il y a toujours des raisons d'être fatigué par son travail, parce que l'on sort trop... Il y a du sang dans les selles ? C'est à cause des hémorroïdes... Ou encore cette toux persistante, elle s'explique par mon tabagisme ou ma bronchite... Il est donc très difficile de se fier aux symptômes provoqués par un cancer, et pourtant ce sont des signes d'alerte à ne pas négliger ! Ils ne sont pas forcément synonymes de cancer, mais il est conseillé de consulter lorsqu'une anomalie (troubles digestifs, urinaires, boule dans un sein, grain de beauté qui change...) apparaît. Le médecin décide ou non de faire des examens pour voir d'où vient le symptôme : radiographies, échographies ou, plus poussés, IRM et scanner, pour mettre en évidence la présence d'une tumeur. Mais seul un prélèvement sur cette lésion permet de poser le diagnostic de cancer. C'est une biopsie. Une sorte de cylindre minuscule de tissu qu'on appelle une carotte est analysé au microscope à la recherche de cellules cancéreuses. Le prélèvement est réalisé sous anesthésie locale. La chirurgie, pour retirer la tumeur, est parfois effectuée d'emblée, à la fois pour poser le diagnostic et pour commencer le traitement.

INUTILE DE PANIQUER
AU MOINDRE SIGNE ANORMAL

Seul le médecin peut juger du caractère suspect d'un signe et demander des examens. Il est donc important de consulter en cas de doute. Le plus souvent, on ressort rassuré de la consultation, après s'être inquiété inutilement. Mais, si une anomalie existe, la prise en charge doit être précoce. Donc pas de politique de l'autruche.

QUELS EXAMENS SONT RÉALISÉS
APRÈS LA DÉCOUVERTE D'UN CANCER ?

Lorsqu'un cancer est découvert, un bilan doit être réalisé pour évaluer la tumeur, sa gravité et aussi son étendue. L'organe concerné est étudié sous toutes ses coutures, puis on réalise un « bilan d'extension ». Ce bilan est adapté à chaque patient et à chaque cancer. Il permet de voir si les ganglions lymphatiques sont touchés par les cellules cancéreuses, si d'autres lieux sont affectés et s'il y a des métastases à distance. Pour rechercher les métastases osseuses, on réalise une scintigraphie. En pratique, on injecte dans le sang un produit radioactif qui se fixe de manière différente sur les cellules saines et sur les cellules malades. Le rayonnement émis est ensuite analysé. Pour les poumons, la radiographie classique est complétée par un scanner, aussi appelé tomodensitométrie, qui permet également d'étudier l'abdomen. Autre site de choix pour les métastases, le foie, visualisé grâce à une échographie (un appareil doté d'une sonde que l'on pose sur le ventre et qui envoie des ultrasons) et un scanner.

L'IRM, imagerie par résonance magnétique, fait partie des techniques qui ont amélioré l'exploration du corps humain. Elle fait appel à un champ magnétique. Tous ces examens sont indolores, ils sont regroupés sous l'appellation d'« imagerie ». Enfin, une prise de sang peut être effectuée à la recherche de « marqueurs tumoraux » : il s'agit de substances présentes dans le sang et produites par le cancer. Mais elles ont surtout un intérêt dans le suivi du traitement.

QUELS MÉDECINS S'OCCUPENT DES CANCERS ?

Le médecin spécialisé dans la prise en charge des cancers est un oncologue, également appelé cancérologue. C'est lui qui coordonne le traitement. Mais, en réalité, toute une équipe, dite pluridisciplinaire, travaille en association pour vaincre la maladie. Le chirurgien opère, le radiothérapeute gère la radiothérapie qui peut précéder ou suivre l'opération, le chimiothérapeute décide du traitement médicamenteux et le médecin généraliste travaille en collaboration avec l'oncologue. Un spécialiste de l'organe atteint est aussi associé. Les infirmières ont également un rôle essentiel dans la gestion au quotidien de cette maladie. Ce sont, comme le généraliste, des interlocuteurs de choix, prêts à répondre aux questions et à apporter leur soutien psychologique. Le patient se trouve ainsi dans les meilleures mains. Il est toujours tentant, en situation de stress et d'angoisse, de demander d'autres avis, c'est tout à fait possible. Mais il vaut mieux le faire en accord avec l'oncologue, qui pourra ainsi fournir les informations suffisantes à l'autre médecin. Attention à ne pas multiplier les points de vue, le type de traitements proposés peut varier d'une équipe à l'autre, sans pour autant être moins efficace. C'est alors un facteur de stress supplémentaire, très déstabilisant et sans doute inutile.

QU'APPELLE-T-ON SYSTÈME TNM ?

Au terme du bilan initial réalisé par l'oncologue et son équipe, on aboutit à une connaissance très précise de la tumeur. Cette connaissance est cotée suivant un système international, TNM, qui évalue la tumeur primitive « T », les ganglions « N » (*nods* en anglais) et les métastases « M ».

En ce qui concerne la tumeur, il y a cinq stades, de T0 à T4, en fonction de sa taille et de l'extension aux organes qui lui sont proches. Quatre stades quantifient le nombre de ganglions touchés par les cellules cancéreuses (N0, il n'y a pas de ganglion atteint ; et N3, ils sont nombreux, de grosse taille…). Pour les métastases, deux possibilités : M0 quand il n'y en a pas et M1 quand il y en a. Au final, on obtient un cancer « localisé », si la maladie se limite au cancer primitif, « régional » si un ou plusieurs ganglions sont touchés par les cellules cancéreuses, « généralisé » s'il y a des métastases. Associée à l'analyse au microscope du cancer (c'est l'anatomo-pathologie), l'évaluation TNM permet de planifier le traitement.

COMBIEN DE CANCERS EXISTE-T-IL ?

Il existe plus d'une centaine de cancers, car cette maladie peut se développer dans de nombreux organes, qui sont composés de tissus et de cellules différentes. Globalement, on distingue les carcinomes, qui se développent à partir des tissus tapissant l'intérieur des cavités ; les sarcomes, qui se développent aux dépens de tissus comme les muscles ou les os ; les lymphomes (à partir des ganglions par exemple) ; les mélanomes (ou cancers de la peau) ; mais aussi les tumeurs cérébrales ; les tumeurs germinales (à partir des cellules qui vont donner les spermatozoïdes et les ovules)…

QUELLES SONT LES CAUSES DES CANCERS ?

Chaque cellule de notre corps renferme le noyau qui contient nos gènes, portés par les chromosomes. Ces gènes déterminent notre aspect physique, la couleur de notre peau, de nos yeux, notre taille, etc. Ils peuvent subir des modifications irréversibles, que l'on appelle « mutations ». Les cellules cancéreuses sont des cellules dont le fonctionnement est perturbé par ces mutations. Celles-ci peuvent être dues à des facteurs extérieurs : exposition au soleil, abus de tabac, d'alcool, exposition à l'amiante, aux pesticides, à des rayonnements, présence de virus. Le simple vieillissement est aussi en cause. Et puis il existe des facteurs que l'on ignore…

Les mutations sont des phénomènes assez fréquents dans les gènes mais elles ne provoquent pas toutes des maladies, bien heureusement ! Le corps sait parfois détruire les cellules malades pour se protéger. Dans le cas d'un cancer, c'est ce qui se passe au début puis il finit par être dépassé par la capacité des cellules cancéreuses à se multiplier de manière infinie, car les mutations ont lieu sur des gènes qui contrôlent la multiplication des cellules. Le cancer évolue ensuite en silence, petit à petit, jusqu'à ce qu'il atteigne une taille suffisante pour être découvert. Cette évolution est plus ou moins rapide : certains cancers évoluent très lentement, sans que l'on s'en aperçoive, et d'autres sont fulgurants et se manifestent très rapidement.

QU'EST-CE QU'UN ÉTAT PRÉCANCÉREUX ?

L'état précancéreux est la première étape de l'évolution vers un cancer. On a vu que celui-ci évoluait de manière plus ou moins rapide, mais également progressive. Avant de devenir cancéreuse, la cellule normale peut présenter des anomalies qui sont proches de celles du cancer. Ce n'est hélas pas valable pour tous les cancers mais c'est un élément essentiel dans le dépistage de certains, comme celui de l'utérus (le gynécologue recherche des « dysplasies » lorsqu'il fait un frottis) ou celui du côlon (les polypes, des tumeurs bénignes, donc non cancéreuses, peuvent précéder un cancer). L'avantage est évident : les lésions précancéreuses sont traitées avant d'évoluer de manière plus grave.

QU'APPELLE-T-ON « FACTEUR DE RISQUE » ?

Un facteur de risque est un élément qui favorise le développement d'une maladie.

Les facteurs de risques plus connus sont le tabac pour le cancer du poumon ou de la vessie entre autres, l'alcool associé au tabac pour le cancer du larynx par exemple, le soleil, qui provoque des mélanomes… Les hormones aussi entrent en jeu en favorisant le développement de certains cancers, comme celui du sein. Tous ces facteurs agissent les uns avec les autres sur les gènes pour provoquer des mutations, sans que l'on sache comment.

Mais le point positif de ces « facteurs de risque » est énorme : les connaître permet d'éviter les risques, justement, et donc de prévenir l'apparition d'un cancer, alors que le hasard ou l'âge sont des causes directes de mutations et donc de cancers, devant lesquels nous sommes totalement impuissants.

LE CANCER EST-IL HÉRÉDITAIRE ?

Non, le cancer n'est en théorie pas héréditaire ! Ce n'est pas parce que votre père a eu un cancer du poumon que vous courez plus de risques qu'un autre d'en avoir un à votre tour. Pourtant, si cette réponse est juste pour une très large majorité des gens, elle est à nuancer dans certains cas. Il existe en effet des « cancers familiaux », des formes de cancer fréquentes dans une même famille. Environ 5 % des cancers sont ainsi, de manière plus ou moins forte, influencés par des gènes transmis par les ovules ou les spermatozoïdes d'une génération à l'autre. C'est valable pour certains cancers du sein, du côlon ou encore de l'ovaire. Les membres de la famille ont alors plus de risques de développer un cancer et ils peuvent bénéficier d'une consultation d'oncogénétique, qui diagnostique les prédispositions au cancer. Mais ces consultations sont encore trop peu nombreuses en France.

QU'APPELLE-T-ON « GÈNES DU CANCER » ?

Les gènes ont un rôle important dans la survenue d'un cancer, mais cette affection n'est pas provoquée par un seul gène malade. En fait, il existe un savant équilibre entre certains gènes qui favorisent le développement d'un cancer – les oncogènes – et ceux qui le ralentissent – on parle alors d'anti-oncogènes, ou de gènes suppresseurs de tumeur. Chacun de nous porte ces deux types de gènes, et lorsque l'équilibre entre les deux est rompu, les cellules peuvent proliférer de manière anormale et former un cancer. Une mutation peut transformer un gène normal en oncogène et ainsi stimuler le développement de la tumeur. Ou une personne peut « manquer » de gènes qui ralentissent ce développement, elle est plus sensible qu'une autre au cancer. C'est une prédisposition génétique.

UNE INFECTION PAR UN MICROBE PEUT-ELLE PROVOQUER UN CANCER ?

Le cancer n'est pas provoqué directement par une infection. En revanche, certaines infections entraînent des lésions à partir desquelles un cancer peut se développer. C'est typique du cancer du col de l'utérus : dans 85 % des cas, le point de départ est une lésion bénigne – non cancéreuse – due à un virus, le HPV, ou *human papillomavirus*. Plus rarement, le cancer de l'estomac peut être associé à une bactérie, *Helicobacter pylori* : elle provoque une infection souvent associée aux ulcères, et un cancer de l'estomac peut prendre naissance à partir de l'ulcère. Ces deux infections sont dépistables et facilement traitées.

Autre cas de figure : les hépatites B et C, des infections virales, qui évoluent dans certains cas en cirrhose, une altération du foie, puis parfois en cancer du foie. Enfin, des infections virales, comme le sida, diminuent les défenses immunitaires et exposent davantage le patient à certains cancers.

NON, LE CANCER N'EST PAS CONTAGIEUX !

Seules les infections sont contagieuses, elles sont provoquées par des microbes (bactéries, virus, parasites et champignons). Les cancers, eux, se développent à cause de mutations sur certains gènes qui vont modifier le fonctionnement de certaines cellules. Il est impossible de transmettre à son voisin ou à un proche ces cellules cancéreuses. Un cancer n'est donc absolument pas contagieux.

UNE FAIBLESSE DES DÉFENSES IMMUNITAIRES FAVORISE-T-ELLE LE CANCER ?

Les défenses immunitaires sont là pour éliminer les microbes et tout ce qui est étranger au corps ou toxique pour lui. Les mutations des gènes et les modifications d'une cellule normale en cellule cancéreuse n'ont donc pas de rapport avec notre système immunitaire.

En revanche, une faiblesse de l'immunité favoriserait la multiplication des premières cellules cancéreuses. Les défenses immunitaires ne parviendraient pas à limiter l'extension de la tumeur. Des études ont montré que les patients dont le système immunitaire était défaillant étaient plus fragiles face aux cancers : les malades du sida souffrent plus souvent de sarcomes ou de lymphomes. Ce constat est aussi réalisé chez les personnes qui ont subi une greffe et qui prennent des immunosuppresseurs. Ce sont des médicaments qui diminuent fortement l'activité des défenses immunitaires pour empêcher le rejet de l'organe greffé par le corps.

Un mystère persiste : pourquoi nos défenses ne réussissent-elles pas à détruire le cancer comme elles le feraient avec un virus ou une bactérie ? Les cellules cancéreuses, même sous la forme d'une grosse tumeur, parviennent à passer inaperçues du système immunitaire, qui ne réagit pas... C'est une des nombreuses questions sur lesquelles planchent les chercheurs.

LE STRESS PEUT-IL ÊTRE À L'ORIGINE D'UN CANCER ?

On entend fréquemment « Il était très stressé, sous pression, et ça a dû provoquer son cancer ». En fait, aucune étude n'a jamais prouvé le rôle du stress comme facteur déclenchant de cette maladie. Réalisées chez des personnes qui vivaient ou avaient vécu des situations très angoissantes, sous le feu de bombardements, ou chez les parents d'enfants gravement malades, ces études n'ont pas observé d'augmentation de la fréquence des cancers.

Malgré tout, le stress pourrait avoir une influence indirecte en fragilisant l'esprit... et donc le corps, ou en diminuant les défenses immunitaires par exemple. Il faciliterait alors les phénomènes de cancérisation des cellules. Mais, encore une fois, il n'y a pas de preuve.

ET UNE DÉPRESSION, UN CHOC ?

Là encore, une dépression, un choc psychologique ou une peur brutale ne peuvent pas provoquer l'apparition d'un cancer. Aucun facteur psychologique ne peut abîmer les gènes et entraîner des mutations, point de départ inévitable du cancer. En revanche, le cancer, lui, entraîne souvent une dépression, des angoisses ou un stress qui peuvent avoir un retentissement sur le bon déroulement du traitement. Ils doivent être pris en charge et soignés rapidement.

UNE CICATRICE PEUT-ELLE ÊTRE À L'ORIGINE D'UN CANCER ?

Il est rare qu'une cicatrice dégénère en cancer, même si dans les deux cas les cellules se multiplient plus vite. Il faut toutefois s'inquiéter lorsque la cicatrice se développe trop ou se modifie.

UN COUP, UN TRAUMATISME PEUVENT-ILS PROVOQUER UN CANCER ?

Un choc, un coup ou un traumatisme quelconque ne peuvent pas provoquer de tumeur. Le seul bénéfice qu'ils peuvent avoir, c'est d'anticiper la découverte du cancer en attirant l'attention.

LES CANCERS SONT-ILS PLUS FRÉQUENTS QU'AVANT ?

Oui, les cancers, d'après les statistiques, sont (ou semblent) plus fréquents de nos jours.

Deux raisons principales expliquent ce phénomène : d'une part, les progrès techniques permettent de mieux dépister les cancers et de voir des tumeurs que l'on ne voyait pas avant. On découvre des cancers chez des personnes qui se pensent en parfaite santé, et le corollaire est positif : ils sont pris en charge tôt et sont souvent plus « faciles » à soigner.

D'autre part la population des pays développés augmente – et le nombre de malades aussi – et surtout, elle vieillit. Le cancer est une maladie d'autant plus fréquente que l'on avance en âge C'est logique, plus on vit longtemps, plus on a « le temps » et donc de risques d'avoir une maladie, notamment un cancer. De surcroît, certains cancers évoluent très lentement : si l'espérance de vie était plus courte, ils n'auraient pas le temps de se manifester. Et puis, indiscutablement, les facteurs de risque de cancer augmentent aussi.

LES CANCERS EN CHIFFRES

Avec plus de 146 000 décès par an, soit 400 par jour, le cancer est la deuxième cause de mortalité en France, après les maladies cardio-vasculaires. Plus de 320 000 nouveaux cancers sont découverts chaque année. 1 homme sur 2 et 1 femme sur 3 seront touchés par un cancer au cours de leur vie. Mais s'il y a aujourd'hui plus de personnes atteintes d'un cancer, elles sont plus nombreuses à être vivantes ou même guéries qu'hier. Pour finir sur un chiffre positif, plus de 1 cancer sur 2 se guérit à l'heure actuelle !

Source : enquête InVS en février 2008 sur les chiffres de l'année 2005.

QUELS SONT LES CANCERS LES PLUS FRÉQUENTS ?

Un cancer peut se développer n'importe où dans le corps, mais certains organes sont plus touchés que d'autres. Chez les femmes, le cancer du sein vient en tête, avec 50 000 nouveaux cas chaque année en France. Il est suivi de près par ceux du côlon et du rectum, qui touchent 175 000 femmes par an. Vient ensuite le cancer du poumon, qui concerne 31 500 personnes, des deux sexes, chaque année. C'est le plus meurtrier.

Chez les hommes, c'est la prostate qui est le plus souvent touchée (62 000 nouveaux cas par an), avant le poumon (24 000) puis le côlon et le rectum. Le cancer colorectal se développe à partir du gros intestin – le côlon – et du rectum – qui fait suite au côlon et se termine par l'anus. Il y a chaque année 37 500 nouveaux cas, les deux sexes confondus. Le cancer colorectal est en nette augmentation ces derniers temps, sans doute à cause de l'alimentation des pays industrialisés. Il est responsable d'un peu moins de 17 000 décès.

LES FEMMES ET LES HOMMES SONT-ILS ÉGAUX DEVANT LE CANCER ?

Les hommes paient un plus lourd tribut au cancer que les femmes. Celles-ci sont moins souvent touchées et les décès sont moins fréquents. Mais elles sont de plus en plus nombreuses à souffrir d'un cancer des poumons ; il faut savoir qu'aux États-Unis ce cancer a dépassé celui du sein en terme de mortalité, du fait du tabagisme. Les Françaises suivront-elles ce mauvais exemple ? Espérons qu'elles réagiront avant !

LES CANCERS DES ENFANTS : QUE FAUT-IL CRAINDRE ?

Les cancers des enfants sont très différents de ceux des adultes, aussi bien dans leurs caractéristiques que dans les signes qu'ils entraînent.

Les plus fréquents chez eux sont les leucémies (cancers du sang) et les lymphomes (cancers des organes lymphatiques). Ils représentent 40 % des cancers de l'enfant. Les autres types de cancers sont variés il y a notamment les tumeurs cérébrales développées dans les tissus qui entourent les neurones. Chez les petits enfants âgés de moins de 5 ans, les cancers ont souvent une caractéristique commune : les cellules cancéreuses ressemblent aux cellules que l'on trouve chez l'embryon lorsque les organes se forment. On appelle donc ces cancers des « tumeurs embryonnaires ». Le plus souvent, ils se développent à partir des reins et du système nerveux – la moelle épinière et le cerveau –, mais ils peuvent toucher bien d'autres organes. Ces cancers grossissent en général de manière très rapide, en quelques semaines ou encore plus vite. Cette rapidité d'évolution ne reflète pas du tout la gravité de la maladie, car ces cancers sont souvent plus sensibles aux traitements. Ces derniers font appel, comme pour les adultes, à la chirurgie, à la radiothérapie et à la chimiothérapie. Ils sont adaptés dans la mesure du possible à la morphologie et à la croissance de l'enfant.

CANCERS ET ENFANTS EN CHIFFRES

Les cancers de l'enfant représentent 1 % de l'ensemble des cancers. Environ 2 000 enfants et adolescents de moins de 15 ans sont touchés chaque année. Heureusement, entre 70 et 80 % des enfants et adolescents atteints d'un cancer guériront !

Quels signes doivent alerter ?

De manière paradoxale, le cancer chez l'enfant n'est pas synonyme de mauvaise santé. Excepté dans les cas de leucémies aiguës ou de cancers douloureux, l'enfant reste souvent en bonne santé. Certains signes doivent cependant attirer l'attention, comme la palpation d'une grosseur dans le ventre ou sur le flanc, la présence d'une petite boule – quelles que soient ses caractéristiques (dure, molle, mobile…). L'apparition d'une protubérance à partir d'un orifice naturel du corps – bouche, narines, conduit auditif, anus, vagin – doit être rapidement signalée au médecin. Tout comme un écoulement de sang depuis l'un de ces orifices. Chez le garçon, une grosseur dans un testicule ou une augmentation de la taille de celui-ci nécessitent des examens. Attention également aux anomalies des yeux (si un strabisme, par exemple, apparaît subitement), de l'émission des urines ou des selles, aux difficultés à respirer ou à avaler… La tumeur peut aussi comprimer les organes qui l'entourent et provoquer ainsi des signes sans rapport direct avec le cancer. C'est le cas des tumeurs qui grossissent à l'intérieur du crâne. Vomissements, maux de tête, modification du comportement, troubles de la vision apparaissent progressivement, selon le développement du cancer. Un œil qui sort un peu plus que l'autre de l'orbite doit aussi éveiller les soupçons, comme un changement de démarche, une maladresse générale… Tous ces symptômes ne sont pas forcément provoqués par un cancer… Simplement, dès que l'on constate tel ou tel de ces signes, il faut consulter un médecin, qui décidera des explorations à faire.

Que dire à un enfant malade ?

L'annonce du diagnostic de cancer chez leur enfant est bouleversante pour les parents. Elle est source de révolte, d'un sentiment d'injustice et d'une terrible impuissance devant ce qui arrive à leur petit. Comment trouver les mots justes, comment lui expliquer ce qui se passe ? Tout dépend de son âge et de ce qu'il est capable de comprendre. Il faut lui expliquer avec des mots simples ce qui lui arrive… Les médecins et les psychologues sont là pour épauler et aider les parents. Le soutien de l'équipe hospitalière est essentiel pour traverser cette épreuve et, idéalement, tout est fait pour préserver autant que possible le rythme de vie de l'enfant au sein de sa famille et de son environnement scolaire. Les gestes du quotidien, à l'hôpital ou à la maison, sont des moments rassurants pour l'enfant, tout comme la vie familiale et scolaire. Les frères et sœurs ne doivent pas non plus être négligés ou maintenus à l'écart de la maladie. Là encore, il faudra trouver la force de leur expliquer la situation, rester lucide et garder toujours à l'esprit l'espoir de la guérison.

Quelles sont les particularités des cancers chez les adolescents ?

Les adolescents ne sont plus des enfants, mais pas encore des adultes… les adolescents sont des malades à part, à une période de la vie déjà difficile en temps normal. Les cancers les plus fréquents sont les leucémies et les lymphomes ; d'autres cancers touchent l'adulte jeune, comme ceux des testicules, des ovaires, des os. Chez les adolescents, les cancers touchent rarement le sein, les poumons, la prostate, les intestins – organes fréquemment atteints chez les adultes.

LES CANCERS CHEZ LES PERSONNES ÂGÉES SONT-ILS DIFFÉRENTS ?

Les spécificités des cancers des personnes âgées existent réellement. À commencer par leur fréquence. Les cancers les plus courants sont ceux qui touchent le sein, la prostate, le côlon et le rectum, mais aussi la peau, l'utérus – l'intérieur de l'utérus et non plus le col, comme c'est le cas chez la femme jeune. Par leur évolution, aussi, qui est globalement plus lente que chez les adultes moins âgés, mais c'est bien un constat « global », car chaque cancer évolue de manière individuelle. Certains cancers de la prostate sont parfois simplement surveillés lorsqu'ils sont petits et d'évolution lente. Les traitements doivent être adaptés à l'état de santé de chaque patient ainsi qu'à ses traitements quotidiens.

PERSONNES ÂGÉES :
ATTENTION AU DIAGNOSTIC !

Le risque, lorsque l'on est âgé, c'est de mettre sur le compte de l'âge une fatigue, un amaigrissement, une constipation – autant de symptômes qui doivent alerter lorsqu'ils persistent et qu'ils ne passent pas avec un traitement bien suivi. Le plus souvent, lorsqu'une personne âgée reconnaît qu'elle souffre de tel ou tel signe, on s'oriente vers des maladies plus classiques, liées au cœur, aux reins, aux intestins… Le diagnostic de cancer est donc souvent fait avec du retard. Chez la personne âgée, les consultations de dépistage, que ce soit pour le sein, l'utérus ou le côlon, ne sont plus effectuées de manière constante, même s'il est fortement conseillé d'avoir un suivi régulier, quel que soit son âge.

LES CANCERS DE L'ENFANT, DE L'ADOLESCENT ET DE LA PERSONNE ÂGÉE SONT-ILS PLUS GRAVES QUE LES AUTRES ?

Même s'il est toujours très difficile de faire des généralités dans le domaine des cancers, on estime que les cancers des plus jeunes et des plus âgés ne sont pas plus graves que ceux des adultes. Au contraire, ils le sont même moins dans un certain nombre de cas, où la fréquence de guérison est supérieure aux deux extrémités de la vie. C'est par exemple le cas de certains types de leucémies (« aiguës lymphoblastiques », plus fréquentes chez les jeunes, et « aiguës myéloblastiques », plutôt chez les seniors).

De même pour les tumeurs des reins appelées « néphroblastomes », qui guérissent dans 90 % des cas environ lorsqu'il n'y a pas de métastases et une fois sur deux quand il y en a.

A-T-ON PLUS DE CHANCES DE GUÉRIR DE CERTAINS CANCERS QUE D'AUTRES ?

Certains cancers sont moins graves que d'autres, ils ont beaucoup plus de chances d'aboutir à la guérison. C'est le cas par exemple des cancers des testicules et de la maladie de Hodgkin. Sachons aussi que plus les tumeurs sont petites, plus elles ont, en général, de chances de guérison.

EST-IL VRAIMENT POSSIBLE DE GUÉRIR D'UN CANCER ?

Oui et trois fois oui ! Ce qui est impossible, c'est de prédire une guérison certaine. Au moment du diagnostic, les médecins ne peuvent hélas fournir que des pourcentages de guérison en fonction des caractéristiques du cancer... et non pas une réponse individuelle, celle que le patient attend. La guérison, lorsque l'on parle d'un cancer, n'est effective qu'*a posteriori*, après un certain nombre d'années écoulées. Ce délai est variable selon les cancers, il est fixé à partir de statistiques effectuées sur un grand nombre de malades.

QUELLES PEUVENT ÊTRE LES COMPLICATIONS DES CANCERS ?

Chaque cancer provoque des symptômes qui dépendent de sa localisation dans le corps, de la manière dont il perturbe le fonctionnement de l'organe atteint ainsi que des signes qu'il déclenche en comprimant ceux qui l'entourent. Mais les cancers ont quelques caractéristiques communes, qui ne sont pas toujours présentes et n'ont pas la même intensité chez chaque patient. Les « complications », comme on va les appeler, sont de deux ordres : d'une part les répercussions physiques du cancer sur le corps, c'est ce que les médecins appellent « altération de l'état général » ; et d'autre part celles qui sont d'ordre psychologique : angoisse, déni de la maladie, stress, révolte, dépression et bien d'autres...

Les sentiments et les émotions qui traversent l'esprit d'un malade sont variés, parfois fugaces et ils peuvent se succéder au cours d'une même journée. Ces réactions sont normales, mais particulièrement difficiles à assumer et à gérer. Certains malades y parviendront seuls, d'autres préféreront trouver une aide extérieure. Aujourd'hui, les services spécialisés dans la prise en charge des malades atteints de cancer sont nettement plus sensibilisés à cet aspect majeur de la maladie. Les différents médecins et infirmières bénéficient d'une longue expérience dont ils peuvent faire profiter leurs patients. Des « onco-psychologues », psychologues qui travaillent uniquement dans des services de cancérologie, sont aussi là pour aider à passer un cap difficile, pour conseiller ou tout simplement pour écouter. Certains médecins sensibles aux médecines complémentaires comme la relaxation, la sophrologie, l'hypnose, l'homéopathie peuvent tout à fait prendre en charge les difficultés psychologiques de ces patients. À condition, bien sûr, que ces médecines restent « complémentaires ».

POURQUOI EST-ON SI FATIGUÉ ?

La fatigue est l'un des signes les plus fréquents en cas de cancer, l'un des plus invalidants dans la vie quotidienne. Elle rend difficiles les efforts physiques mais aussi intellectuels. Mais elle n'est pas systématique, certains patients sont moins fatigués que d'autres. Dans tous les cas, elle doit être signalée au cancérologue et prise en charge. La fatigue peut être provoquée par de nombreux facteurs, physiques, psychiques ou encore sociaux. Plusieurs causes ont été identifiées : la maladie (ainsi que le type de cancer), les traitements et certains de leurs effets secondaires (la chimiothérapie provoque une anémie, un manque de globules rouges) qui majorent la fatigue en diminuant l'appétit, en provoquant des vomissements, une infection… La douleur, les déplacements pour se rendre sur les lieux de soins, l'attente des consultations, des examens et de leurs résultats, l'amaigrissement et l'anxiété…, la liste est loin d'être exhaustive et les raisons d'être fatigué ne manquent pas.

CANCER, UNE FATIGUE DIFFÉRENTE, BEAUCOUP PLUS INTENSE ET INVALIDANTE

La fatigue, on la connaît tous, après une grosse journée de travail, une séance de sport… C'est ce que l'on appelle une « bonne fatigue », une fatigue saine, qui ne dérange pas beaucoup le déroulement du quotidien. La fatigue d'un malade souffrant d'un cancer est sans commune mesure, elle est souvent permanente, très intense, et elle survient au moindre effort. S'habiller, se doucher, préparer un repas ou même parler…, tous ces gestes, qui paraissent anodins pour des personnes en bonne santé, demandent un effort parfois insurmontable.

Comment évolue la fatigue au cours de la maladie ?

La fatigue n'est pas forcément présente dès le début de la maladie, elle peut apparaître aux différentes étapes. Au départ, elle est souvent négligée et mise sur le compte de « bonnes raisons », un excès de travail, une petite infection…, mais c'est parfois grâce à elle (souvent associée à un amaigrissement) qu'un bilan est réalisé et que les traitements peuvent débuter. Lorsqu'on apprend que l'on a un cancer, les angoisses et le stress générés par cette annonce peuvent majorer une fatigue physique qui existait déjà. Les traitements et les examens sont plus ou moins fatigants pour le corps et ils sont également stressants, ce qui augmente encore un peu plus le sentiment d'épuisement. Il faut veiller à ce qu'une baisse de moral, voire une dépression, ne vienne pas l'accentuer davantage. Parler aux soignants, à son entourage est important, cela aide le patient à trouver des solutions et à améliorer son confort.

Malgré cette fatigue, il est très important de garder une certaine activité physique. Une fois la prise en charge médicale et tous les traitements terminés, la fatigue va d'ailleurs s'estomper progressivement, parfois sur une longue période de plusieurs années.

DES SOLUTIONS EXISTENT !

Désormais, la fatigue commence à être mieux prise en compte, et donc mieux prise en charge. L'équipe soignante est composée de nombreux professionnels de santé – masseur-kinésithérapeute, diététicien (pour l'alimentation), psychomotricien, ergothérapeute (professionnel qui utilise l'activité physique, manuelle, pour la réadaptation de handicaps, le but étant de retrouver un maximum d'autonomie), psychologue et socio-esthéticienne – qui peuvent chacun aider à soulager la fatigue. Ce genre de prise en charge est préférable à la prise de médicaments, car peu ont prouvé leur efficacité dans le domaine de la fatigue.

Comment gérer la fatigue ?

Être fatigué, c'est normal ! Mais cet épuisement et ses corollaires, comme l'irritabilité, le manque de concentration, sont difficiles à accepter et surtout à vivre !

Les médecins sont là pour corriger les anomalies physiques, comme l'anémie grâce à de l'érythropoïétine (Epo, médicament donné pour augmenter la fabrication de globules rouges), par exemple. L'homéopathie et l'acupuncture sont aussi efficaces chez certains patients. Il ne faut pas non plus négliger le rôle de l'angoisse et du psychisme : l'incompréhension de sa maladie ou des traitements, l'inquiétude à propos de l'avenir, l'anxiété de se sentir diminué…, tous ces sentiments peuvent être mieux gérés grâce à des techniques de relaxation, des entretiens avec des psychologues.

Mais, en premier lieu, il ne faut pas hésiter à se reposer, à faire de petites siestes quand le besoin s'en fait sentir, à s'installer tranquillement dans un fauteuil… Être à l'écoute de son corps permet de doser judicieusement repos dans la journée et sommeil nocturne, de trouver son rythme. Des massages réguliers et le maintien ou la reprise d'une activité physique réhabituent petit à petit le corps à l'effort et offrent un sommeil plus récupérateur. Ce n'est pas toujours possible, tellement la fatigue est importante, mais ce n'est pas grave, le corps doit avoir le temps de récupérer. Il faut aussi essayer d'avoir une alimentation suffisamment riche en calories et équilibrée pour avoir un peu d'énergie. Les diététiciennes ont l'habitude des difficultés rencontrées par les patients traités, elles peuvent être d'une grande aide.

La prise en charge de la douleur, qui épuise tant, est aussi très importante.

POURQUOI A-T-ON MOINS D'APPÉTIT ET POURQUOI MAIGRIT-ON ?

La première manifestation d'un cancer est souvent le manque d'appétit, et un amaigrissement consécutif. La maladie affaiblit le corps et la tumeur augmente la destruction des protéines, des nutriments indispensables au corps. Il faut donc être réactif si l'on constate que l'on perd l'appétit et du poids de manière involontaire. Les traitements n'améliorent pas les choses, le plus souvent, car ils peuvent provoquer des nausées et des vomissements, ainsi que des troubles du transit. Le goût et l'odorat, indispensables pour savourer un repas, sont modifiés et parfois même disparaissent. Les muqueuses qui tapissent les parois, de la bouche aux intestins, peuvent être irritées ou « brûlées » par la radiothérapie. Les traitements peuvent aussi provoquer des aphtes ou des infections à champignons (les candidoses). Quand ces lésions sont situées dans la bouche, elles empêchent parfois carrément le malade de manger. Toutes ces raisons expliquent que l'on n'ait pas très faim ni envie de manger. On se nourrit de façon déstructurée, alors que l'on a vraiment besoin d'une alimentation équilibrée. Résultat, on maigrit et on se fatigue encore plus.

COMMENT MANGER QUAND ON EST MALADE ?

Le diététicien est là pour adapter l'alimentation à l'état de santé du patient.

Fractionner ses repas quand l'appétit est diminué, remplacer certains aliments qui dégoûtent par d'autres (la viande par les produits laitiers par exemple) autant de petits trucs utiles, comme prendre des compléments alimentaires enrichis en protéines et en calories pour ne pas perdre trop de poids et s'affaiblir. Il faut privilégier les féculents, les fruits et légumes, le miel ou les boissons sucrées et surtout boire beaucoup d'eau, de jus de fruits, de potages... Cela facilite l'élimination des toxines.

Les anciens patients conseillent de cuisiner en grande quantité lorsqu'on est en forme et de congeler de petites portions, idéales lorsque l'on est fatigué ou après une période de traitement. Il ne faut pas hésiter à se faire aider ni à piocher dans les plats surgelés ! Mais aussi se ménager en préparant les repas assis, en rangeant le matériel de cuisine de façon accessible et en se reposant après le repas si l'on se sent fatigué...

LA DOULEUR EST-ELLE SYSTÉMATIQUE ?

Longtemps, la France a nié la douleur et ne l'a pas prise en compte, à l'inverse des médecins britanniques. Aujourd'hui, les choses changent et il est recommandé d'exprimer sa douleur dès que l'on a mal. Heureusement, on ne souffre pas forcément lorsque l'on a un cancer. Certains malades ne souffrent même jamais ! Au début de son évolution, la tumeur ne fait pas mal puis il arrive que, en se développant, elle comprime des nerfs et les organes qui l'entourent. Certaines métastases, notamment dans les os, sont également douloureuses.

En tout cas, il ne faut pas laisser la douleur s'installer, ni avoir peur de passer pour quelqu'un de trop sensible, qui « s'écoute trop ». Désormais, les médecins sont mieux formés pour combattre les douleurs ; des centres antidouleur se créent dans les hôpitaux, et le personnel soignant est plus sensibilisé qu'autrefois à la souffrance des malades. Il existe des questionnaires pour mieux définir le type de douleur dont on souffre (une pesanteur ? une brûlure ? une torsion ?) ainsi que son intensité. Ces renseignements permettent aux médecins de mieux déterminer le traitement à mettre en œuvre.

LES TYPES DE DOULEURS

Il existe plusieurs sortes de douleurs en fonction de leur mécanisme. La plus commune est la douleur provoquée par une inflammation, un coup, une agression. Elle est sensible aux traitements classiques, les antalgiques, qui vont du paracétamol à la morphine. L'autre type de douleur est la douleur « neurologique », elle est déclenchée par l'agression d'un nerf (une compression par exemple). Dans ce cas, les médicaments efficaces sont différents, ils font appel aux anti-épileptiques, aux anti-dépresseurs, sans que l'on sache très bien pourquoi ils fonctionnent. Cela dit, ces deux types de douleurs peuvent être associés et il faut parfois plus de temps, dans ce cas, pour trouver le bon traitement.

Sait-on combattre la douleur ?

Dans la majorité des cas, oui. On a recours pour cela à un arsenal assez vaste, qui va du traitement direct de la cause de la douleur (en réduisant la taille de la tumeur ou en sectionnant un nerf comprimé, par exemple) à plusieurs familles de médicaments, dont la figure de proue est la morphine.

L'accompagnement psychologique est également très important – il apprend à mieux gérer la douleur –, et les techniques de médecines douces ont aussi leur place à titre complémentaire. Concernant le traitement de la cause même de la douleur, il est possible d'opérer pour retirer la masse qui touche ou comprime un nerf, un ganglion. La chimiothérapie et l'hormonothérapie peuvent aussi diminuer la taille de la masse douloureuse et la radiothérapie sert à traiter les métastases osseuses, si souvent douloureuses. Ces trois techniques ne sont pas efficaces tout de suite, elles agissent en quelques semaines.

Quels sont les médicaments utilisés contre la douleur ?

Les antalgiques sont répartis en paliers selon leur puissance et donc leur efficacité sur la douleur. Les médecins commencent en général par le palier 1, le plus faible : ce sont les antalgiques « périphériques ». Ils comprennent les salicylés (plus connus sous le nom d'aspirine) ou le paracétamol. Ils sont pris seuls ou avec d'autres médicaments contre la douleur. Le palier 2 correspond aux antalgiques « centraux faibles » (car ils agissent sur le cerveau, appelé système nerveux central avec la moelle). Ce sont la codéine, souvent associée au paracétamol ou à l'aspirine, le Propofan, le tramadol ou Topalgic, le Diantalvic, etc. Le palier 3, le plus élevé, regroupe les antalgiques « centraux forts ». C'est la morphine et les médicaments qui en sont dérivés, d'action retardée, comme le Fentanyl ou Durogésic, ou l'hydromorphe, plus connue sous le nom de Sophidone. Les médicaments du palier 3 sont utilisés lorsque rien d'autre n'a soulagé les douleurs. Ils sont très puissants et provoquent souvent des effets non désirés (nausées, vomissements, somnolence et surtout constipation), mais les médecins maîtrisent bien leur prescription de nos jours.

ATTENTION À L'AUTOMÉDICATION !

Aucun médicament n'est anodin, et il est impératif de signaler au médecin tout ce que l'on prend, même s'il s'agit de plantes ou d'un traitement que l'on suit depuis tellement longtemps qu'on oublie de le signaler. Par exemple, les antalgiques de type 1 ne doivent pas être pris en même temps qu'un traitement anticoagulant ou que certaines chimiothérapies, et ceux de type 2 avec des tranquillisants.

Faut-il avoir peur de la morphine ?

La morphine a longtemps été sous-utilisée, notamment dans la médecine française, car la douleur n'était pas considérée comme une priorité dans le traitement, sans doute sous le poids des conceptions judéo-chrétiennes.

Même dans l'inconscient collectif, la morphine est crainte car elle rime avec maladie très grave. Et, pour les médecins, le danger était l'apparition d'une dépendance. Avant tout, signalons que, dans le cas des cancers, l'utilisation de la morphine n'est pas liée à la gravité de l'affection. Elle signifie simplement que le malade souffre beaucoup ! À l'heure actuelle, on n'a plus le droit de souffrir, ni de laisser souffrir. Aujourd'hui, la morphine et les médicaments qui en sont dérivés sont bien maniés, selon des règles très codifiées. Ils sont prescrits à dose progressive, en surveillant la manière dont le malade les supporte ainsi que l'apparition des effets secondaires, qui sont traités également. La morphine existe sous forme de comprimés, qui agissent sur une longue période ou au contraire qui ont une action « flash », rapide et de courte durée. Il y a aussi des formes injectables, le médicament est injecté en sous-cutané sous la peau, et le malade peut choisir le moment de l'injection grâce à la « pompe à morphine », réservoir contenant de la morphine qui est injectée quand le patient a trop mal et qu'il « appuie sur le bouton ». Quant à la crainte de dépendance, aujourd'hui on sait que ce risque n'existe pas quand on manie correctement le traitement.

N'ATTENDEZ PAS D'AVOIR MAL !

Les médicaments contre la douleur sont prescrits à heures régulières et à doses bien déterminées. Il ne faut pas décaler une prise parce que l'on a l'impression que l'on n'a pas encore assez mal ni réduire la posologie sans en parler à son médecin.

---

*La douleur est-elle gérée de la même manière
chez les enfants et chez les personnes âgées ?*

C'est très difficile pour un petit enfant, a fortiori un bébé, de faire comprendre qu'il a mal et où il a mal. On a même longtemps cru que les enfants ne souffraient pas ! Un changement de comportement, un repli sur soi ou une prostration sont parfois les seuls moyens pour eux de manifester leur souffrance. Mais les choses ont bien changé et, désormais, on est plus attentif aux douleurs des enfants. On en anticipe même certaines, en donnant des médicaments en crème ou en patch avant un soin ou un examen douloureux, comme les piqûres, le changement de pansements... La morphine est aussi utilisée selon l'état de santé de l'enfant – les quantités étant adaptées à son poids. De même, chez les personnes âgées, il est possible d'utiliser des antalgiques puissants après avoir vérifié que l'organisme est capable de supporter ces médicaments. Mais, là encore, la douleur est souvent tue, exprimée d'une manière différente, cachée dans le silence ou l'isolement.

J'AI MAL ET ON ME FAIT VOIR UN PSY ! POURQUOI ?

La douleur chronique est très particulière, elle épuise le patient, elle l'use... Proposer un accompagnement psychologique ne signifie pas du tout que l'existence de la douleur est niée.

Le psychologue – ou le psychiatre – est d'une grande aide si la douleur entraîne une dépression, mais son rôle est également de transmettre des techniques pour éviter d'anticiper les douleurs et de mieux les gérer quand elles surviennent. Des techniques de relaxation, où l'on apprend à prendre de la distance par rapport à son corps, sont très utilisées dans les centres antidouleur. Les médecins font aussi appel aux spécialistes de consultations de la douleur.

QUELS IMPACTS A UN CANCER SUR LE PSYCHISME ?

Le cancer n'a pas seulement un retentissement sur le corps, *via* la fatigue, l'amaigrissement ou encore la douleur. Il provoque un véritable choc, une peur intense, une forte angoisse et bien d'autres réactions tout aussi légitimes : déni, colère, dépression… Chaque patient a des attitudes qui lui sont propres, en fonction de son caractère, de son tempérament, mais aussi des connaissances qu'il a sur cette maladie. Même si l'on guérit plus d'un malade du cancer sur deux aujourd'hui en France, le mot « cancer » véhicule toujours la peur de la mort. Les cancers ont été si longtemps fatals que l'on en a une idée très pessimiste. Ils restent évidemment une maladie grave mais il ne faut pas oublier qu'il existe des centaines de cancers différents et qu'il est impossible de généraliser. C'est toute la difficulté de cette maladie, au cours de son évolution : être d'un optimisme prudent, croire en la guérison, tout en étant lucide sur ce qui peut se passer, sur la gravité de son cancer. Cette affection s'approche d'une maladie chronique, une maladie qui dure même après l'arrêt des traitements, puisque la vie du patient reste rythmée par les bilans de contrôle réalisés régulièrement, de manière très rapprochée au début, et par les inquiétudes qui les accompagnent. On vit dans l'incertitude, il faut apprendre à apprivoiser ses émotions et à accepter l'aide de sa famille et de ses amis… (voir le chapitre VI).

Chapitre II
Prévention, les bonnes habitudes à prendre

Bonne nouvelle : les cancers, on peut les prévenir ! Ou au moins se donner le maximum de chances d'éviter cette maladie trop fréquente. Il suffit d'un peu de bon sens, de bonne volonté et surtout d'une hygiène de vie très saine. Avec, à la clé, deux tiers de cancers en moins…

Quel est l'impact de notre mode de vie sur les cancers ?

On estime que notre mode de vie et nos comportements à risque (le tabagisme ou l'alcoolisme par exemple) expliquent 70 % des cancers ! Ce nombre effrayant est néanmoins très positif si l'on se place du point de vue de la prévention. Cela veut dire que, en modifiant notre manière de vivre, on peut influencer le cours des choses et diminuer le risque d'être malade.

C'est d'autant plus appréciable que, on l'a déjà vu, les cancers sont causés par des mutations sur les gènes, provoquées essentiellement par le hasard et aussi par l'allongement de la durée de vie, contre lesquels nous sommes totalement désarmés. Reste l'environnement et les nombreuses substances qui concourent à la survenue d'un cancer. Et là, ça y est, nous pouvons lutter et avoir une action directe ! Encore faut-il être bien informé des facteurs qui favorisent les cancers et des moyens de les éviter… Mais aujourd'hui nous n'avons plus tellement d'excuses. Qui ne connaît pas les méfaits du tabagisme ? les ravages de l'excès d'alcool ? ou encore les dégâts provoqués par le soleil ? Ce sont les principaux responsables, mais ils sont loin d'être les seuls…

QUELLES SONT LES GRANDES MESURES DE PRÉVENTION ?

Il y a plusieurs niveaux de prévention : lorsqu'on agit sur les causes des cancers, c'est la prévention primaire (par exemple, la suppression du tabac) ; quand on dépiste et que l'on guérit les états précancéreux, c'est de la prévention secondaire (par exemple, le dépistage et l'ablation des polypes du côlon) ; et lorsque l'on parvient à découvrir des cancers, alors même qu'ils ne provoquent pas de symptômes, grâce à un examen systématique d'une population, la prévention est dite tertiaire. Un vaste plan de prévention a été mis en place en France entre 2003 et 2008 pour combler le retard pris par rapport aux pays scandinaves par exemple. 100 millions d'euros sont ainsi consacrés au premier « Plan Cancer » français.

La prévention primaire est l'ensemble des mesures prises pour empêcher le développement des cancers évitables, donc provoqués par des causes connues et à écarter. Elle comprend la lutte contre le tabagisme afin de diminuer celui-ci de 30 % chez les jeunes et de 20 % chez les adultes ainsi que la limitation de la consommation d'alcool pour faire baisser de 20 % le nombre d'adultes qui sont des buveurs excessifs. Des conseils pour manger équilibré, exercer une activité physique, agir contre l'excès de poids, éviter l'exposition solaire font aussi partie des grandes mesures de prévention primaire.

Nicolas Sarkozy s'est engagé à poursuivre le « Plan Cancer », dans les domaines de la prévention, des traitements et de la recherche.

CANCER, MORTALITÉ ET FACTEURS DE RISQUE

On estime qu'un quart des décès par cancer est attribuable au tabac, 1 sur 10 à l'alcool et un peu plus d'un tiers à l'alimentation ! Les infections (du col de l'utérus par exemple) et les hormones sexuelles sont les deux autres facteurs importants. Si la prévention et le dépistage ne permettent pas d'éviter tous les cancers, ils donnent quand même la possibilité d'agir sur sa santé.

POURQUOI LE TABAGISME PROVOQUE-T-IL DES CANCERS ?

Avec plus de 4 000 composés toxiques, dont une soixantaine sont cancérigènes, la fumée de tabac est un condensé de nocivité. C'est la source de pollution intérieure la plus dangereuse. Outre la nicotine et le monoxyde de carbone, ce sont surtout les « goudrons » contenus dans la fumée qui causent les différents cancers. D'après une étude de l'Inpes, Institut national de prévention et d'éducation pour la santé, un fumeur qui consomme un paquet de cigarettes par jour inhale l'équivalent de deux pots de yaourt de goudrons par an !

Quels cancers sont causés par le tabac ?

Pour comprendre quels organes peuvent être touchés par un cancer à cause du tabac, il suffit de suivre le trajet de la fumée et des fameux goudrons dans le corps. Ils passent par la bouche, le pharynx, le larynx, la trachée et les poumons. À ce niveau, ils passent dans le sang. Celui-ci va être filtré au niveau des reins. De là part l'urine qui est stockée dans la vessie. Tous ces organes peuvent donc être la cible d'un cancer « tabagique ». Les poumons et la vessie sont particulièrement touchés puisque 85 à 90 % des cancers du poumon et de la vessie sont provoqués par le tabac.

À PARTIR DE QUELLE QUANTITÉ LE TABAGISME EST-IL DANGEREUX ?

Il n'y a pas de « seuil critique », tout dépend du type de tabac, de la sensibilité individuelle… La cigarette représente toujours un danger potentiellement mortel dès la première bouffée. Le risque d'avoir un cancer dépend du nombre de cigarettes fumées mais aussi de la durée du tabagisme. Plus la quantité de goudrons ingérée est élevée, plus le risque est grand.

Le tabagisme passif est-il aussi dangereux ?

Le non-fumeur n'est pas épargné par le tabac. La fumée est également nocive pour les non-fumeurs exposés au tabagisme des autres. Les risques existent, même s'ils sont plus faibles que pour le fumeur. Chez l'adulte et si le conjoint fume, le tabagisme passif augmente les risques de cancer, d'accidents cardiaques (de 25 %), d'attaques cérébrales (il double le risque d'accidents vasculaires cérébraux – AVC). L'adulte a au moins la possibilité de refuser l'exposition, même si c'est compliqué, mais les enfants et les fœtus sont des victimes sans défense. La fumée de tabac augmente chez le jeune enfant la fréquence des rhino-pharyngites et des otites, celle des bronchiolites, le risque de crises d'asthme, de pneumonie, de bronchite et d'autres infections respiratoires ainsi que celui de mort subite chez le nourrisson. Une femme enceinte qui fume expose son bébé à un retard de développement (avec un faible poids à la naissance) et à la prématurité. Le risque de fausse couche et celui de grossesse extra-utérine sont aussi majorés. Et, lorsque c'est le conjoint de la future maman qui fume, les risques existent aussi, même s'ils sont atténués.

DES RISQUES CHIFFRÉS
ET TRÈS ALARMANTS

Au XXe siècle, le tabac avait été responsable de 100 millions de décès dans le monde. Et d'après n rapport de l'Organisation mondiale de la santé, si rien n'est fait, il pourrait aire un milliard de morts au XXIe siècle. Seulement 5 % de la population mondiale vit dans un pays qui a mis en place une politique de prévention contre les méfaits du tabagisme. Un constat pour le moins alarmant.

Un fumeur de 20 cigarettes par jour voit ses risques de cancer du poumon multipliés par 10, par rapport à un non-fumeur. Chez un non-fumeur, ils sont augmentés de 25 % s'il vit avec un fumeur, et le risque d'un cancer des sinus est plus que doublé ! Quelques milliers de non-fumeurs meurent chaque année en France des suites du tabagisme passif…

Quelles sont les mesures prises en France contre le tabagisme ?

Tout a commencé avec la loi Evin de 1991. Elle interdit le tabac dans les locaux à usage collectif, afin de protéger les non-fumeurs. Lieux de travail, d'enseignement, de loisir, de transport doivent présenter une zone non-fumeurs et une fumeurs suffisamment ventilée pour ne pas être gênante. En pratique, hélas, il n'est pas rare de voir une limite floue et peu efficace entre les deux… Mais les droits des non-fumeurs prennent désormais le pas sur ceux des fumeurs, au grand dam de l'industrie du tabac, qui voit dans le tabagisme passif un frein menaçant à son existence. Le jeu des lobbies a longtemps expliqué sans doute que l'État se soit contenté de faire appliquer les interdictions de fumer dans les lieux publics et d'augmenter le prix du tabac, ou d'organiser des campagnes de lutte contre le tabagisme, et d'informer le grand public, notamment les jeunes, des conséquences sur la santé. Mais le grand changement a eu lieu le 1er janvier 2008 avec l'interdiction de fumer dans les bars, les restaurants, les discothèques et les hôtels.

Existe-t-il un dépistage spécial pour les fumeurs ?

Il n'existe pas de dépistage conçu pour les fumeurs, il y aurait trop d'organes à étudier et la mise en place d'un tel dispositif serait extrêmement lourde. La priorité serait bien sûr le cancer du poumon, mais la radiographie des poumons n'est pas assez précise pour que le dépistage soit efficace. Le scanner spiralé est un nouvel appareil qui détecte des tumeurs de quelques millimètres seulement et qui changera peut-être la prise en charge. Mais l'accès à ce type d'appareil et les modalités d'un dépistage semblent difficiles.

Les fumeurs restent une population à risque et les médecins généralistes sont attentifs à certains symptômes, comme une toux persistante, une fatigue qui perdure, un amaigrissement récent… Et le meilleur moyen d'abaisser, dans ce cas, les risques de cancer reste le sevrage tabagique.

INTERDICTION DE FUMER DANS TOUS LES LIEUX PUBLICS DEPUIS LE 1er FÉVRIER 2008

Le 1er février 2007 avait déjà fait avancer la lutte contre le tabagisme en l'interdisant dans tous les lieux publics, des écoles aux lycées en passant par les hôpitaux et les entreprises. Le secteur CHRD (cafés, hôtels, restaurants, discothèques) avait échappé à la loi à la condition d'installer des fumoirs, espaces réglementés réservés aux fumeurs. Il avait onze mois pour se préparer à l'inéluctable. Le 1er janvier 2008, non-fumeurs et fumeurs respirent sereinement un air épuré. Sept semaines seulement après l'application de cette mesure, les premiers résultats communiqués sont spectaculaires : le taux d'infarctus du myocarde admis aux urgences a chuté de 15 % (en première approximation, au moment où nous imprimons ce livre). De même, les accidents vasculaires cérébraux ont chuté. Des résultats à confirmer, mais comparables à ceux du Royaume-Uni et de l'Italie, qui ont adopté cette mesure plus tôt. On pourrait ainsi éviter plus de 10 000 décès par infarctus chaque année.

POURQUOI L'ALCOOL AUGMENTE-T-IL LE RISQUE DE CANCER ?

Les mécanismes de la toxicité de l'alcool ne sont pas complètement élucidés en ce qui concerne les cancers. On sait que l'alcool est d'autant plus cancérigène que sa consomma-

INFORMER DES RISQUES DU CANNABIS, UNE PRIORITÉ !

On entend souvent dire que fumer du cannabis est moins nocif que fumer du tabac. En réalité, les risques existent et ils sont même importants. La consommation de cannabis sous forme fumée augmente les risques de cancer des poumons mais aussi de la gorge, notamment du larynx. La fumée de cannabis contient en effet des produits cancérigènes, a fortiori quand il est mélangé au tabac, ce qui est le plus courant. D'après une étude de l'INC en 2006, un « joint » contient 6 à 7 fois plus de goudrons qu'une cigarette ! Fumer 3 joints par jour est équivalent à fumer un paquet de cigarettes en terme de risques de cancer et de maladies cardio-vasculaires. Pire, des chercheurs néozélandais ont montré en janvier 2008 que fumer un seul joint de cannabis a le même effet cancérigène que de fumer 20 cigarettes d'un coup.

Informer les consommateurs de cannabis, et surtout les jeunes, de ces conséquences sur la santé est donc impératif !

tion est associée au tabagisme et à une mauvaise alimentation, pauvre en fruits et en légumes ou en protéines.

Toute consommation régulière d'alcool augmente le risque d'apparition de cancers de plusieurs manières : l'alcool agresse les muqueuses, il ralentirait les mécanismes de réparation des mutations dans les gènes, il détruit progressivement le foie, provoquant ce que l'on appelle une « cirrhose », qui peut évoluer en cancer du foie. Enfin, en perturbant le fonctionnement du foie, il perturberait aussi le métabolisme d'hormones sexuelles, ce qui pourrait augmenter le risque de survenue d'un cancer du sein, mais rien n'est prouvé.

Quels cancers sont provoqués par l'alcool ?

Les cancers dus à une consommation régulière, même modérée, d'alcool surviennent au niveau de la bouche, du pharynx, du larynx, de l'œsophage et du foie. Il y aurait peut-être aussi un lien avec le cancer colorectal, celui du poumon et celui du sein.

À partir de quel niveau de consommation d'alcool faut-il s'inquiéter ?

L'Inpes, l'Institut national de prévention et d'éducation pour la santé, recommande une consommation de 2 verres par jour au maximum pour une femme et de 3 verres pour un homme, soit 14 verres par semaine du côté féminin et 21 du côté masculin.

QUEL EST LE RÔLE DE L'ALIMENTATION SUR LES CANCERS ?

Même s'il est toujours difficile d'évaluer de manière isolée l'impact de l'alimentation sur la survenue des cancers, nous savons désormais avec certitude que la consommation régulière et quotidienne de fruits et de légumes diminue le risque de cancers. Il faudrait en consommer au moins 5 portions, soit au minimum 400 grammes, ce qui réduirait de 20 % les cancers, notamment ceux du tube digestif, de la bouche au côlon et au rectum ainsi que les cancers des poumons et du pancréas. Attention, aucun aliment n'est directement et exclusivement responsable de la survenue d'un cancer !

Les études montrent que la consommation de poisson est également bénéfique, comme celle de céréales (même si c'est dans une proportion moindre).

En revanche, le sel, les aliments salés ou conservés grâce à la technique du salage sont mauvais (le sel favorise le développement du cancer de l'estomac quand il est consommé en excès, car il provoque la formation de nitrosamines, éléments connus pour leur rôle carcinogène). L'excès de consommation des graisses animales et sans doute celui des protéines animales est aussi nocif.

Par quels mécanismes l'alimentation a-t-elle une influence sur les cancers ?

Les fruits et les légumes contribuent à réduire le surpoids, un facteur de risque connu pour augmenter les cancers (du col de l'utérus par exemple ou du cancer du sein à partir de la ménopause). Riches en vitamines, ils empêcheraient certains phénomènes cancéreux et ils stimuleraient les mécanismes protecteurs. Les fibres réduiraient le temps de contact entre le tube digestif et les éléments cancérigènes contenus dans l'alimentation, car elles accélèrent le transit.

Quelle alimentation est conseillée dans la vie quotidienne ?

Manger doit rester un plaisir avant tout. Se nourrir de manière saine ne doit pas tourner au casse-tête quotidien. Pour cela, quelques principes simples permettent de conjuguer santé et alimentation. Varier son alimentation est le premier d'entre eux !

TABLEAU RÉCAPITULATIF DE LA RELATION
ENTRE CANCERS ET ALIMENTS

Types de cancers	Aliments protecteurs, diminuant les risques	Aliments augmentant les risques quand ils sont consommés en excès
Bouche, pharynx, larynx	Fruits et légumes	Alcool
Nasopharynx (partie du pharynx en arrière du nez)	Aucun aliment connu	Sel, salaison, poissons salés
Œsophage	Fruits et légumes	Alcool
Poumons	Fruits (agrumes surtout), légumes, aliments riches en sélénium (fruits de mer, brocolis, ail et oignon)	Graisses animales saturées (charcuterie, beurre, fromages gras, pâtisseries, lait entier…). Alcool : à consommer avec prudence
Estomac	Fruits, légumes, céréales complètes	Sel, salaison, fumaisons, aliments brûlés ou excessivement cuits
Pancréas	Fruits, légumes, fibres	Viandes transformées : charcuterie, saucisses…
Foie	Légumes	Alcool

Côlon et rectum	Fruits, légumes, fibres, céréales complètes, poissons, coquillages, crustacés	Graisses animales saturées (charcuterie, beurre, fromages gras, pâtisseries, lait entier). Viandes (bœuf, veau, porc, agneau), et viandes transformées (saucisses, charcuterie…). Alcool
Sein	Légumes	Graisses animales saturées (charcuterie, beurre, fromages gras, pâtisseries, lait entier, lard…). Viandes transformées (saucisses, charcuterie…). Alcool
Col de l'utérus	Fruits, légumes	Aucun aliment connu
Ovaire	Fruits, légumes	Aucun aliment connu
Prostate	Légumes, aliments riches en sélénium (fruits de mer, brocolis, ail et oignon)	Graisses animales saturées (charcuterie, beurre, fromages gras, pâtisseries, lait entier…). Viandes transformées (saucisses, charcuterie…). Laits et produits laitiers
Vessie	Fruits, légumes	Aucun aliment connu
Thyroïde	Fruits, légumes	Aucun aliment connu

Source : réseau National Alimentation Cancer Recherche, brochure *Alimentation et cancer*, Ligue contre le cancer.

Les fruits et les légumes consommés arborent toutes les couleurs et tous les genres : légumes verts, crucifères, comme les choux…, sans oublier les légumineuses. Les fruits de saison permettent de varier les plaisirs sans s'en rendre compte et s'agrémentent de fruits plus exotiques toute l'année, désormais facilement accessibles (mais souvent plus chers). Les céréales se mangent de préférence complètes car les équivalents raffinés favoriseraient le développement des cancers du sein, du côlon et du rectum. Les poissons, les crustacés ou les coquillages sont recommandés au moins 2 à 3 fois par semaine, les viandes rouges 1 à 2 fois seulement, car une ration quotidienne de plus de 160 grammes augmente le risque de cancer du côlon ou du rectum. Actuellement, on recommande un produit laitier (de préférence demi-écrémé ou écrémé) à chaque repas, petit déjeuner inclus. Les produits laitiers ont l'avantage d'apporter du calcium, en sachant qu'on peut en trouver aussi dans les légumes secs et dans certaines eaux minérales. Il existe une controverse sur le calcium issu des produits laitiers. Il ne serait pas assimilé par les os du corps, d'après certains nutritionnistes. Pour l'instant, le PNNS préconise toujours 3 produits laitiers par jour.

ATTENTION AU SURPOIDS !

Les Français suivent dangereusement les Américains sur la pente glissante de l'obésité. Même les enfants ne sont pas épargnés puisqu'ils sont de plus en plus nombreux à être en surpoids, voire obèses… Les responsables ? Le mode de vie occidental avec ses fast-foods, ses plats industriels tout préparés, la sédentarité…

Faut-il privilégier les légumes crus, ou cuits ?

La cuisson, contrairement à ce que l'on pense, n'ôte pas toutes leurs qualités aux légumes. Certes, elle les prive de certains nutriments mais elle permet aussi de digérer et d'absorber d'autres substances, comme les minéraux et les vitamines, qui ne le seraient pas si elles n'étaient pas cuites. L'idéal est donc de manger des légumes cuits et des crudités. On conseille 200 grammes de légumes cuits (en plus des pommes de terre !), 100 grammes de crudités et 200 grammes de fruits. Ce qui revient à mettre des fruits et des légumes à chaque repas… Au petit déjeuner, le fruit peut être remplacé par un jus de fruits.

Quel mode de cuisson choisir ?

Quel que soit le mode choisi, la cuisson ne doit être ni trop forte ni trop longue.

La cuisson à la vapeur permet de conserver la plupart des nutriments, elle est préconisée par les nutritionnistes. Les barbecues, grillades ou rôtis ont l'inconvénient de cuire les aliments à une température très haute, ce qui pourrait augmenter le risque de cancers du côlon, du rectum ou de l'estomac. Quant au micro-ondes, accusé de bien des maux, aucune étude n'a confirmé une relation avec les cancers.

Que penser des additifs ?

La chasse aux E suivis de 3 chiffres a longtemps été à la mode. Il s'agit en fait de produits ajoutés pour permettre la conservation d'un aliment, améliorer son goût ou son aspect. Ils doivent répondre à des normes très réglementées, ils sont donc soumis à des études pour évaluer l'absence de dangers sur la santé. Ils ne sont toutefois pas tous indispensables, loin de là ! C'est le cas des colorants, par exemple.

Les compléments nutritionnels et les vitamines ont-ils un intérêt ?

Vitamines, oligo-éléments ou antioxydants…, les compléments alimentaires ne manquent pas sur les étalages. Les études sur leur intérêt sont discordantes, certaines montrant même une augmentation du risque de cancers ! La loi quant à elle estime que certains compléments sont bénéfiques, mais qu'ils ne jouent aucun rôle en terme de prévention. Une supplémentation en bêtacarotène, en vitamines C et E, en sélénium et en zinc diminue le risque de survenue de cancers chez les hommes qui ont un statut insuffisant en antioxydants, à cause d'un mode de vie incompatible avec une alimentation équilibrée. La prise de sélénium diminuerait les risques de cancer de la prostate. Ce sont en tout cas les résultats de l'étude SU.VI.MAX, réalisée sur 13 000 personnes pour étudier l'impact d'une supplémentation en oligo-éléments, en vitamines et en antioxydants, à doses nutritionnelles. Les compléments pourraient donc avoir des bénéfices mais ils ne remplacent en aucun cas une alimentation équilibrée et variée. Celle-ci reste le meilleur moyen de trouver les nutriments, vitamines et oligo-éléments, indispensables à notre bonne santé.

Les OGM sont-ils dangereux ?

Nous n'avons pas assez de recul pour évaluer avec certitude le retentissement des OGM, ou organismes génétiquement modifiés, sur la santé. Pour l'instant, ils ne provoqueraient pas de risque particulier de cancer, mais il n'a pas été démontré non plus que ce risque n'existait pas. D'où la nécessité d'un étiquetage bien clair pour que chacun choisisse ou non d'en consommer.

Le soja a-t-il un intérêt ?

Devant le faible taux de cancers du sein chez les femmes asiatiques, on a supposé que le soja, consommé régulièrement dans leur alimentation, était à l'origine de ce constat. Pourquoi le soja ? Parce qu'il contient beaucoup de phyto-œstrogènes, des substances qui se fixent sur les cellules du corps à la place des œstrogènes produits par l'organisme. On sait que le développement du cancer du sein est en partie lié au rôle de ces œstrogènes. Le soja pourrait donc avoir un intérêt. Mais on ne sait pas du tout à quelle dose le bénéfice pourrait apparaître.

Qu'est-ce qu'un contaminant ?

Le terme « contaminant » s'adresse à toute substance qui ne devrait pas être présente dans les aliments. Pour les fruits, les légumes, les céréales, il s'agit des pesticides. Pour l'alimentation du bétail, ce sont des dioxines ou des hormones et autres antibiotiques censés accélérer la croissance des bêtes et qui se retrouvent finalement dans la viande ou le lait. Il est difficile de prouver le rôle de ces produits sur la survenue de cancers car ceux-ci apparaissent souvent longtemps après la consommation.

Faut-il se méfier des dioxines ?

Les dioxines, produits benzochlorés, se forment à la suite d'incinération de mauvaise qualité des ordures ou lors d'accidents. L'un de ces produits est clairement identifié comme cancérigène, le TCDD. Pour les autres, la difficulté majeure est l'accumulation et la persistance de ces substances dans l'environnement. Ils peuvent donc contaminer des aliments, comme le lait des vaches qui ont brouté l'herbe polluée. Il existe désormais une réglementation stricte pour se prémunir contre ce risque.

Le thé vert est-il protecteur ?

Le thé vert contient une substance qui bloque la croissance des cellules cancéreuses et les empêche de se disséminer dans le corps : la cathéchine. Pour l'instant, inutile de consommer du thé vert tous les jours, c'est encore théorique, il faut approfondir les études chez l'homme.

L'ACTIVITÉ PHYSIQUE, UN COMPLÉMENT INDISPENSABLE DE L'ALIMENTATION

L'activité physique est plus que bénéfique, elle est indispensable. Comme l'alimentation, elle fait partie de l'hygiène de vie qu'il faut adopter si l'on souhaite réduire les risques de cancer.

Beaucoup d'études démontrent les bienfaits de l'activité physique sur l'apparition de cancers, particulièrement celui du côlon chez les deux sexes – le risque baisserait de 40 à 50 % chez les plus actifs –, ainsi que sur le cancer du sein chez la femme (avec une baisse à 30 %). Les risques de cancers de la prostate, des poumons et de l'endomètre (le tissu qui recouvre l'intérieur de l'utérus) seraient également diminués.

POURQUOI L'ACTIVITÉ PHYSIQUE EST-ELLE BÉNÉFIQUE ?

Associée à une alimentation équilibrée, l'activité physique contribue à prévenir l'excès de poids et de graisses, donc le risque de cancers. En ce qui concerne le cancer du côlon, elle a une action plus directe car elle accélère le transit et diminuerait ainsi le temps de contact entre les substances alimentaires qui favorisent le cancer et la muqueuse de l'intestin. Un exercice physique soutenu empêcherait la dissémination de certaines cellules du côlon qui peuvent être ainsi à l'origine d'un cancer. L'activité physique diminue également la production d'œstrogènes, ces hormones féminines qui augmentent le risque de cancer du sein dans certains cas.

À quel rythme pratiquer une activité physique ?

Comme il est recommandé dans les campagnes de l'Institut national de prévention et d'éducation pour la santé (Inpes), la pratique d'un exercice physique doit être régulière, 2 à 3 fois par semaine, d'intensité modérée, pendant 45 minutes au moins si possible. La natation, le vélo, la marche font partie des sports d'endurance conseillés. Marcher 30 minutes par jour est une alternative facile à adopter et à mettre en place, en sortant du métro ou du bus une ou deux stations plus tôt ou en garant sa voiture à distance de son lieu de travail ou de son rendez-vous.

POURQUOI FAUT-IL SE PROTÉGER DU SOLEIL ?

Le soleil contient des rayons visibles, infrarouges, qui sont responsables de la sensation de chaleur et de l'insolation, et des ultraviolets, qui colorent si joliment notre peau… mais qui sont aussi responsables des vilains coups de soleil, du vieillissement et des cancers de la peau. Il existe trois sortes d'ultraviolets : les UVA, qui colorent la peau et favorisent aussi l'apparition de cancers ; les UVB, qui en plus de ces deux effets sont aussi responsables des coups de soleil ; les UVC, eux, n'arrivent pas sur terre car ils sont entièrement retenus par la couche d'ozone, à l'inverse des UVB partiellement filtrés et des UVA non filtrés. Il est important quand on achète une crème solaire de vérifier qu'elle protège à la fois contre les rayons B *et* contre les A.

L'exposition excessive au soleil est désormais reconnue comme principale cause de l'augmentation du nombre de cancers de la peau : le risque d'en développer un est aujourd'hui estimé à 1 sur 100, alors qu'il n'était que de 1 sur 1 500 en 1930 !

Peut-on se passer de soleil ?

Sans soleil, il n'y a pas de vie possible sur terre… Même sans tomber dans le culte du soleil actuellement en vigueur, il faut bien reconnaître que le soleil a des bienfaits prouvés ! Il stimule la synthèse de la vitamine D par la peau et fait souvent un bien fou à notre moral. Certaines dépressions surviennent ainsi à certaines saisons, l'automne et l'hiver, à cause de la privation de lumière. Elles sont du coup soignées par des séances de luminothérapie, grâce à une lampe spécifique.

Comment bien utiliser les crèmes solaires ?

Pour bien se protéger du soleil, il faut d'abord des crèmes solaires de bonne qualité, changées chaque année, à la fois pour éviter que le filtre protecteur ne s'altère mais aussi pour lutter contre d'éventuelles bactéries qui se seraient développées dans la crème. Il faut également opter pour des indices de protection adaptés à son type de peau et suffisamment forts, surtout en début de séjour dans un pays ensoleillé. L'exposition se fait de manière progressive, jamais entre 12 et 16 heures. Chaque partie exposée doit être bien enduite de crème. Cette application doit être renouvelée toutes les 2 heures et après chaque bain de mer ou de piscine (même si le terme « waterproof » est mentionné, car une crème ne résiste jamais totalement à l'eau). L'écran total reste un concept plutôt qu'une réalité, car une crème n'est jamais vraiment un « écran total », il faut aussi la renouveler toutes les 2 heures. Savoir également que le parasol ne protège pas de la réverbération des rayons, que les vêtements clairs laissent passer des rayons et que les autobronzants ne fournissent aucune protection…

Enfin, les yeux aussi doivent être protégés grâce au port de lunettes de soleil de bonne qualité.

QUAND EST-ON « À RISQUE » PAR RAPPORT AU SOLEIL ?

La vigilance est de mise lorsqu'on a la peau claire, plus de 50 grains de beauté répartis sur la peau, des antécédents de mélanome, chez soi ou dans la famille… mais aussi si l'on a eu des coups de soleil graves pendant son enfance ou son adolescence (la peau est plus fragile donc plus sensible chez l'enfant), si l'on s'est beaucoup exposé au soleil, si l'on travaille en plein air (comme les agriculteurs, les pêcheurs…). Le risque de cancer de la peau, ou mélanome, est alors augmenté.

Est-on protégé grâce au bronzage ou à une peau foncée ?

Les personnes qui ont la peau foncée courent moins de risques d'avoir un cancer que celles à peau claire, c'est certain. Le risque n'est pas nul pour autant, particulièrement si l'exposition au soleil est régulière. Si les coups de soleil sont les premiers signes de lésion de la peau et la porte ouverte aux cancers de celle-ci, le fait d'être bronzé ne signifie pas que l'on soit à l'abri totalement : cela ne diminue que très partiellement le risque de cancer.

Que penser des cabines à UV ?

Les cabines de bronzage sont déconseillées par les dermatologues car elles accélèrent le vieillissement de la peau et les UV reçus au cours des séances en cabine se cumulent à ceux du soleil. Elles augmentent donc d'autant le risque de cancer de la peau. Et ce risque est particulièrement important si l'on s'expose avant l'âge de 30 ans.

Et des gélules « préparatrices de bronzage » ?

Les gélules ne préparent pas la peau au bronzage, elles la nourrissent grâce au sélénium, aux vitamines E et C.

Comment protéger les enfants du soleil ?

La peau étant plus fine et plus fragile chez les enfants, il est impératif de prendre des précautions particulières pour qu'ils évitent les coups de soleil et donc les conséquences plus graves à l'âge adulte, comme le cancer de la peau.

Les bébés ne doivent pas être exposés au soleil, ils doivent être à l'abri sous un parasol et, même là, une crème solaire

LES TYPES DE PEAUX, LEURS RISQUES,
LES CONSEILS DE PROTECTION, LES INDICES SOLAIRES

Phototype	Type de peaux	Conseils	Crèmes solaires
1	Peau très claire, de type roux, coups de soleil à chaque exposition, taches de rousseur se développant facilement	Ne pas chercher à bronzer, protection maximale dès l'enfance, exposition solaire déconseillée	Écran total
2	Peau très claire, coups de soleil à chaque exposition, possibilité d'un léger hâle, apparition de taches de rousseur	Ne pas chercher à bronzer, protection maximale, s'exposer le moins possible	Écran supérieur à 30
3	Coups de soleil occasionnels, bronzage facile	Protection moyenne, expositions prudentes	Écran supérieur à 15
4	Coups de soleil exceptionnels, bronzage extrêmement rapide	Exposition progressive	Écran supérieur à 10 les premiers jours, crème hydratante
5	Peau naturellement pigmentée claire	Exposition progressive	Crème hydratante
6	Peau noire	Exposition progressive	Crème hydratante

Source : brochure *Un bon usage du soleil*, Ligue contre le cancer.

est indispensable ! Il est conseillé de faire porter aux enfants un tee-shirt en plus de leur maillot de bain, un chapeau et l'indispensable paire de lunettes de soleil.

FAUT-IL FAIRE SURVEILLER DE MANIÈRE SYSTÉMATIQUE LES GRAINS DE BEAUTÉ ?

Les grains de beauté doivent être surveillés régulièrement. Le dermatologue indiquera la fréquence de la surveillance médicale en fonction du nombre et des caractéristiques des grains de beauté. Vous pouvez observer leur taille, leur couleur, la régularité de leur contour, leur épaisseur. Il faut vraiment aller consulter lorsque l'on observe un changement. La vigilance est de mise aussi si un point noir ou violet, rond et régulier, dont la surface est lisse et la couleur homogène, apparaît. Il peut s'agir d'une forme de mélanome grave, qu'il faut prendre tôt car ce point peut atteindre 5 à 6 millimètres en quelques mois. Donc inspectez-vous sous toutes les coutures si vous avez une peau à grains de beauté !

GRAINS DE BEAUTÉ, ATTENTION DANGER !

Un procédé simple permet de mémoriser les critères auxquels ils faut prêter attention : ABCDE. A pour *asymétrie* – soit une forme irrégulière de contour, B pour *bords irréguliers*, les contours sont comme déchiquetés, C pour *couleur* (s'il y a deux couleurs ou plus), D pour *diamètre supérieur à un demi-centimètre* et E pour *évolution*, lorsque la forme change.

QUEL EST L'IMPACT DE LA POLLUTION ?

Les écologistes ont les premiers mis le doigt sur les dangers que l'homme crée à force de ne pas respecter la planète. Et il n'est pas rare d'entendre accuser la pollution d'être à l'origine de l'augmentation des cancers : info ou intox ? Les études n'ont pas réussi à prouver le rôle directement cancérigène de la pollution et il est très difficile de déterminer celui de la pollution atmosphérique, terme générique s'il en existe… Néanmoins quelques facteurs isolés contribuent à la pollution et favorisent certains cancers, comme le tabac et les goudrons, par exemple.

Les moteurs Diesel émettent des particules qui favorisaient le cancer mais il s'agit d'un risque très faible. En Europe, de nouvelles normes ont donc été adoptées pour réduire la quantité autorisée de particules émises par un véhicule Diesel.

On sait néanmoins que la pollution atmosphérique augmente la nocivité du tabac, que la fumée contenue dans l'air ambiant, également une des principales sources de pollution, est officiellement reconnue comme cancérigène.

Les marées noires sont une autre source de pollution et d'inquiétude car elles contiennent des goudrons, dont certains que l'on retrouve dans la fumée de tabac et qui sont à l'origine de cancers, de la bouche jusqu'à la vessie. Reste que dans le cadre des marées noires, même en s'occupant du littoral pendant des jours ou des semaines, l'exposition aux goudrons est insuffisante pour provoquer des lésions plus graves qu'une irritation du nez, de la gorge ou que des allergies. En revanche, si l'exposition est plus durable comme dans certains métiers de la fonte ou de la sidérurgie, le danger est réel et les goudrons sont responsables de cancers dits « professionnels ».

LES PESTICIDES SONT-ILS DANGEREUX ?

Les pesticides, notamment le DDT, sont accusés de l'augmentation de la fréquence du lymphome – un cancer des ganglions – chez les agriculteurs. Mais les études réalisées n'ont pas pu prouver ce lien jusqu'à présent. Les pesticides seraient aussi à l'origine de l'augmentation des tumeurs du cerveau, toujours chez les agriculteurs et notamment chez les viticulteurs. Des études plus larges sont actuellement en cours. Les méfaits supposés des pesticides ne s'arrêtent pas là puisqu'ils pourraient aussi avoir un rôle dans l'apparition de cancers du sein chez la femme et de tumeurs de l'enfant, sans que ce soit scientifiquement démontré. Des contacts répétés faciliteraient aussi les anomalies de la fécondité et les troubles neurologiques.

Les effets des pesticides sur l'environnement, la faune et la flore, ne sont en tout cas plus à démontrer, eux…

FAUT-IL SE MÉFIER DES DÉODORANTS ?

Une polémique concernant les déodorants a eu lieu il y a quelques années (et se poursuit mais avec moins de vivacité). Des rumeurs circulaient sur Internet. Les déodorants antisudoraux, et particulièrement certains produits qu'ils contenaient, dont l'aluminium, étaient accusés d'augmenter le risque de cancer du sein notamment. À l'heure actuelle, aucune étude valable n'a pu prouver qu'utiliser ces déodorants sur les aisselles augmentait le risque de voir survenir un cancer du sein.

QUE PENSER DES PRODUITS MÉNAGERS ?

Selon une étude UFC-*Que choisir* de 2007, les nettoyants et désodorisants contiendraient souvent du benzène et du pentachlorophénol, sans qu'aucune information ne soit communiquée aux consommateurs. L'attention avait déjà été attirée sur certaines peintures murales émettant du formaldéhyde et des éthers de glycol au moment de l'application et un peu après, ainsi que certains produits utilisés dans les pressings (perchloroéthylène, toxiques pour le système nerveux). Il faut déplorer l'absence de réglementation européenne en la matière. En attendant, il est conseillé de ventiler quotidiennement son logement et d'abandonner les formules aérosols.

LA PILULE CONTRACEPTIVE AUGMENTE-T-ELLE LE RISQUE DE CANCER ?

Vaste débat que la prise de pilule contraceptive, accusée de faire grossir, de rendre irritable, etc. Plus grave, elle a également été soupçonnée de provoquer des cancers du sein (puisque ce cancer est sensible aux hormones féminines produites par le corps). Là encore, les nombreuses études effectuées dans le monde n'ont rien pu mettre en évidence. Le risque de cancer du sein est très légèrement augmenté si le contraceptif oral est pris avant la première grossesse mais ce contraceptif diminue en revanche le risque du cancer de l'ovaire.

ET LE THS, OU TRAITEMENT HORMONAL SUBSTITUTIF ?

Ces dernières années, les modalités de prescription du traitement hormonal substitutif, utilisé pour diminuer les troubles qui surviennent à la ménopause, ont été revues. Des études ont en effet montré que certains de ces traitements augmentaient le risque de cancer du sein après une prise prolongée. En réalité, ces études, pour la plupart, étaient américaines. Les produits utilisés n'étaient pas les mêmes qu'en France, et les femmes étudiées étaient le plus souvent hypertendues, obèses. Les résultats de ces études ne sont donc pas réellement exploitables en France. La dernière étude française, réalisée en 2007 et 2008, conclut que le THS n'augmente pas le risque de cancer du sein. Mais, par prudence, on ne prescrit plus systématiquement ce traitement à toutes les femmes aux alentours de la ménopause, mais seulement à celles qui en sont gênées. Les problèmes justifiant la prise du THS sont les bouffées de chaleur, l'irritabilité, la sécheresse vaginale, les troubles du sommeil, tous ces désagréments qui peuvent rapidement devenir insupportables chez certaines femmes.

Cette prescription est revue chaque année en fonction de l'évolution des troubles. Elle se fait le plus souvent possible sur une courte période pour que les bénéfices apportés par le traitement soient supérieurs aux risques qu'il fait courir.

LA MÉLATONINE PROTÈGE-T-ELLE DU CANCER ?

On a attribué à la mélatonine, hormone produite par notre cerveau et qui régule notre horloge interne, des vertus protectrices contre le cancer. Les résultats des études n'ont pas confirmé cette hypothèse, loin de là puisque les personnes qui étaient traitées par de la mélatonine étaient décédées plus rapidement que celles qui n'en prenaient pas.

LES TÉLÉPHONES PORTABLES FAVORISENT-ILS LA SURVENUE D'UN CANCER ?

Ah, les téléphones portables, objets dont on ne saurait plus se passer mais qui génèrent de nombreuses inquiétudes tout de même ! Ils ont été accusés de provoquer des tumeurs du cerveau, mais l'augmentation de ce type de cancers a débuté bien avant l'avènement des téléphones portables et elle est constante depuis les années 1950. Ils ne peuvent donc pas être mis en cause dans l'augmentation de la fréquence des tumeurs cérébrales.

Les premiers résultats de l'étude Interphone, réalisée par la France et 12 autres pays européens, commencent à être connus pays par pays. Et pour l'instant, aucune preuve scientifique ne permet de démontrer qu'il existe un lien entre cancer et téléphone portable. Les études qui prouvent le contraire, notamment avec les gliomes, sont réalisées sur de trop petit échantillons ou des durées trop courtes. Il faudra donc encore attendre la synthèse de cette étude. Le Ministère de la Santé a jugé bon de prendre quelques précautions cependant, en rappelant certaines règles :

– éviter les conversations inutiles ou trop longues

– téléphoner de référence dans les zones de réception maximale (cela minimise l'émission d'ondes)

– éviter de téléphoner en se déplaçant, afin que l'appareil ne cherche pas un nouveau relais

– éloigner l'appareil des zones sensibles du corps et utiliser les kits piétons

– éviter aux enfants et aux adolescents d'utiliser les téléphones portables

– ne pas utiliser son téléphone toujours du même côté.

ET LES LIGNES À HAUTE TENSION ?

Les lignes à haute tension génèrent un champ magnétique, comme tout appareil électrique – même le sèche-cheveux, la télévision, le grille-pain… Ces champs magnétiques voient leur intensité diminuer au fur et à mesure que l'on s'éloigne de la source et les études, nombreuses et discordantes, n'ont pas prouvé que le risque de cancer était augmenté chez le grand public. C'est une autre histoire en cas d'exposition professionnelle, car les doses reçues sont largement supérieures. Cancers du cerveau, lymphomes... seraient en effet plus fréquents. Des mesures de précaution ont donc été installées (périmètre de sécurité).

QUEL EST LE RÔLE DE LA RADIOACTIVITÉ ?

Tout le monde est soumis à la radioactivité ! Il existe en effet une radioactivité naturelle, qui nous entoure et à laquelle il est impossible d'échapper. Elle provient de l'environnement, on la trouve dans le sol et dans l'air : des éléments radioactifs comme l'uranium sont présents ailleurs que dans les centrales ou les mines. Les rayons cosmiques sont aussi de plus en plus intenses avec l'altitude. Cette radioactivité naturelle émet des doses insuffisantes pour provoquer un cancer, ce qui n'est pas le cas lorsque l'on est exposé à de fortes doses, notamment lors d'irradiations accidentelles. De nombreuses précautions sont prises lors de la manipulation et de l'administration de ces rayons, qui peuvent être mortelles. C'est ainsi que ses travaux sur la radioactivité ont coûté la vie à Marie Curie, qui n'avait pas pu se protéger puisqu'elle n'avait pas conscience des dangers.

Faut-il se méfier des examens qui utilisent la radioactivité ?

Les doses administrées lors d'examens comme les radiologies, les mammographies ou les scanners sont trop faibles pour être responsables de cancer. Au cours d'une radiothérapie, les doses administrées sont calculées de manière à détruire la tumeur ou les cellules cancéreuses résiduelles après une chirurgie... Les rayons sont ciblés sur la zone à traiter avec de plus en plus de précision et l'on essaie de protéger au maximum les tissus sains autour, grâce à des écrans de plomb par exemple (c'est aussi pour cette raison que l'efficacité de la radiothérapie est parfois limitée).

Et les centrales nucléaires ?

Une centrale nucléaire n'augmente pas le risque de cancer dans le voisinage. Il faut bien sûr qu'elle réponde aux normes de sécurité et de protection et qu'elle fonctionne normalement. La radioactivité reste « à l'intérieur » de la centrale puisque aucun déchet radioactif n'est rejeté dans l'air ou dans l'eau, cependant les déchets solides, eux, sont enterrés ou stockés sous la mer... Ce qui n'est pas une solution à long terme puisque ces déchets vont rester radioactifs pendant des milliers d'années !

Autre cas de figure sans comparaison : l'accident nucléaire. En 2006, des rapports alarmants ont révélé les retentissements de l'explosion de Tchernobyl sur la santé : décès, cancers, malformations, stérilité... Le bilan dans les pays de l'Est ou en Scandinavie est lourd. Le nuage radioactif ne s'est pas arrêté à la frontière française, et l'on a supposé qu'il expliquait l'augmentation des cancers de la thyroïde, mais cette élévation est retrouvée dans d'autres endroits non exposés.

Que penser du radon ?

Le radon fait partie de ces gaz radioactifs naturels auxquels tout le monde est exposé. Il passe dans les poumons et les irradie, ce qui augmente le risque de cancer du poumon en cas d'absorption massive (chez les mineurs d'uranium) ou s'il s'accumule dans les espaces clos, aux étages inférieurs des bâtiments.

Le radon trouve son origine dans la désintégration du radium et de l'uranium (qui sont contenus dans l'écorce terrestre). La quantité de ces gaz est différente d'une zone géographique à l'autre, elle est importante en Auvergne, en Alsace, en Bretagne, en Corse, dans les Alpes ou les Pyrénées. Il y est donc recommandé d'aérer souvent et parfois de ventiler de manière électrique.

QUELS PRODUITS D'ENTRETIEN UTILISER ?

Désinfectants, détartrants, décapants pour four ou encore désodorisants domestiques et même cosmétiques, tous ces produits peuvent contenir des substances dangereuses pour la santé. Il s'agit du benzène, des éthers de glycol, du formaldéhyde... Certains sont des « cancérigènes probables », d'autres sont nocifs pour la reproduction. En l'absence de législation, il est intéressant d'éviter les produits susceptibles d'être dangereux pour la santé, en prenant le temps de lire les étiquettes : il faut chasser les mentions « formol » (formaldéhyde), « benzène » et se méfier d'un « Ne pas utiliser en local fermé » ou « Ne pas inhaler les vapeurs ». Il vaut mieux choisir les produits avec une mention « sans solvant » ou retourner vers ceux que l'on utilisait autrefois, comme le savon noir, l'huile de lin, le vinaigre blanc...

Attention à ne pas mélanger les produits car cela peut potentialiser leur nocivité.

LES JOUETS EN PLASTIQUE CONTENANT DES PHTALATES, PRÉSENTENT-ILS DES RISQUES ?

Le plastique utilisé pour les jouets d'enfant contient des phtalates, une substance soupçonnée de favoriser l'apparition de cancers. Les études effectuées ont pourtant prouvé qu'il n'y avait pas de risque pour les enfants à utiliser ces jouets.

ET LES ÉTHERS DE GLYCOL ?

Les éthers de glycol sont des substances que l'on trouve dans les peintures, les vernis et les colles. Ils diminuent la fertilité chez les femmes et provoquent des fausses couches. Ils sont aussi responsables de cancer du poumon chez les personnes qui travaillent avec ces substances.

Ils sont maintenant interdits en France dans tous les produits domestiques, les cosmétiques et les médicaments.

Chapitre III
Dépistage : le moyen d'augmenter
les chances de guérison

La France a longtemps privilégié les soins par rapport à la prévention et au dépistage. Elle comble son retard dans ce domaine en proposant de plus en plus de mesures de dépistage, adaptées à l'âge et aux risques de chacun. Excellente nouvelle : les cancers qui provoquent la plupart des décès sont dépistables pour la majorité d'entre eux. C'est le cas des cancers du sein, du côlon et du rectum, de la prostate ou encore du col de l'utérus. Le cancer du poumon est malheureusement à part. Mais là le seul fait de ne pas fumer réduit considérablement les risques. Il reste que suivre les recommandations des médecins et se faire régulièrement dépister, c'est se donner les meilleures chances de guérir !

Comment se fait un dépistage ?

La France est un des pays européens où le diagnostic est effectué le plus tôt, ce qui est un bon critère pour évaluer l'efficacité du dépistage. Le principe fondamental d'un dépistage efficace repose sur sa régularité, ce qui permet de ne pas laisser le temps au cancer d'évoluer. Plusieurs techniques sont utilisées, parfois associées : l'examen clinique par un médecin, généraliste ou spécialiste, qui regarde, palpe, fait une biopsie ou prescrit un examen radiologique ; des prélèvements pour une analyse au microscope ; les techniques d'imagerie de plus en plus performantes : radiologie, scanner, endoscopie (comme la coloscopie pour le cancer du côlon)…

On distingue deux types de dépistages.

– Le dépistage organisé, par exemple celui du cancer du sein. En France, on incite toutes les femmes de 50 à 74 ans à passer une fois tous les deux ans une mammographie, qui est gratuite. Elles reçoivent à cette fréquence une invitation pour effectuer cet examen, ainsi que la liste des radiologues chez qui elles peuvent le faire. Ce dépistage est pris en charge par la Sécurité sociale. Pourtant, moins de 70 % des femmes seulement participent à cette campagne de dépistage. C'est particulièrement dommage car, au-dessus de ce seuil de participation, le nombre de décès provoqués par le cancer du sein chuterait de 30 %. Sachant que 11 000 femmes décèdent tous les ans de ce cancer, il devient impératif d'être plus vigilantes !

Par ailleurs, beaucoup estiment que le dépistage ne doit pas se limiter à la tranche d'âge 50-74 ans. Comme il concerne la population générale, on prend la tranche d'âge la plus menacée. Mais on sait que bien des cancers débutent avant 50 ans ou au-delà de 74 ans : de plus en plus de cancers apparaissent chez les personnes âgées. Et bien des médecins estiment que le rythme de surveillance préconisé – tous les 2 ans – est insuffisant.

– Le dépistage individuel peut donc consister, pour les femmes, à faire des mammographies à partir de 45 ans, et tous les ans. Mais il faut alors qu'elles en assument financièrement la charge.

> ## POURQUOI NE FAUT-IL PAS
> ## AVOIR PEUR DU DÉPISTAGE ?
>
> Le dépistage fait peur... Peur de savoir qu'on est malade, peur d'être confronté au mot « cancer », à l'éventualité de ne pas en guérir... Pourtant, le dépistage est plutôt l'emblème de la vie puisque plus un cancer est découvert tôt, plus on a de chances de guérir.

COMMENT DÉPISTE-T-ON LE CANCER DU SEIN ?

La mammographie est l'examen clé du dépistage du cancer du sein. Cette radiographie permet de détecter des petites tumeurs que l'on ne sent pas en palpant les seins. En cas d'antécédent de cancer du sein dans la famille, un suivi plus approfondi est recommandé, souvent avec un examen des seins 2 fois par an et une mammographie dès l'âge de 20 ans. Signalons que chez la femme jeune, les seins étant très denses, la mammographie est souvent difficile à interpréter. Une échographie en complément peut parfois être utile.

La mammographie doit être complétée par un examen annuel chez le gynécologue, qui examine les seins, à la recherche d'un nodule (petite boule), d'une sorte de « peau d'orange » sur le sein, d'un écoulement du mamelon, d'une inflammation (une rougeur parfois douloureuse) qui persiste. Les aisselles doivent aussi être palpées.

Comment faire une autopalpation des seins ?

Certains médecins recommandent aux femmes âgées de plus de 20 ans d'effectuer une autopalpation, particulièrement lorsqu'une femme de la famille (mère, grand-mère maternelle, sœur, cousine) a déjà eu, tôt dans sa vie, un cancer du sein. Plus on pratique l'autopalpation, mieux on connaît ses seins et plus on détecte tôt une anomalie. Elle consiste à faire les mêmes gestes que le gynécologue : une palpation des seins, des aisselles et du cou à la recherche d'une boule ou d'une sensation anormale.

Cet examen se fait 7 à 10 jours après la fin des règles pour celles qui les ont encore, ou à une date fixe et facile à retenir pour les autres. Il faut le réaliser tout d'abord debout devant un miroir. On examine les seins les bras le long du corps, les mains sur les hanches puis les bras levés afin de voir un changement de taille, de forme des seins ou une anomalie au niveau de la peau. Chaque mamelon est pincé pour chercher un écoulement. Le sein est palpé sur toute sa superficie (petit truc : en imaginant qu'il s'agit d'une horloge, il faut palper chaque heure du cadran). Chaque aisselle est examinée par un mouvement en forme de cercle, après avoir tendu le bras du côté examiné. Le côté à l'extérieur du sein, au niveau des côtes, doit aussi être palpé. La palpation est également réalisée allongée sur le dos, une main derrière la tête pour dégager l'aisselle et étirer le sein.

Mais attention ! cette autopalpation ne doit en aucun cas dispenser du contrôle régulier du gynécologue et du mammographiste.

EN QUOI CONSISTE LE DÉPISTAGE DU CANCER DU COL DE L'UTÉRUS ?

Le cancer du col de l'utérus concerne toutes les femmes dès qu'elles ont une activité sexuelle. Une surveillance régulière doit être réalisée par un gynécologue. Elle comporte un examen du col à l'aide d'un spéculum et un « frottis », prélèvement effectué au niveau du col de l'utérus. Ce frottis est ensuite analysé au microscope pour voir s'il y a des cellules cancéreuses ou précancéreuses qui risquent de dégénérer en cancer. S'il y a un doute, le frottis peut ensuite être complété par un « test au papillomavirus ». Les papillomavirus sont des microbes responsables de 95 % des cancers du col de l'utérus. La prise en charge dépend ensuite des résultats : traitement de l'infection s'il y a un papillomavirus, réalisation d'examens complémentaires en cas de cellules cancéreuses…

On préconise de pratiquer un frottis tous les 3 ans si les 2 premiers frottis espacés d'un an sont normaux. En pratique, selon la situation et l'âge, le frottis peut être réalisé à une fréquence plus soutenue (tous les 2 ans, voire tous les ans). Attention, même lorsque l'on est vaccinée contre le HPV, des frottis réguliers sont indispensables.

D'autres signes doivent amener à prendre rendez-vous chez son médecin : des saignements en dehors des règles, des douleurs dans le bas-ventre, des infections urinaires qui se répètent… Le plus souvent, ces symptômes sont sans gravité, ils ne doivent pas alarmer outre mesure mais ils ne sont pas non plus à négliger.

EN QUOI CONSISTE LE DÉPISTAGE DU CANCER COLORECTAL ?

En France, aujourd'hui, 88 départements testent un dépistage « organisé », c'est-à-dire du même genre que celui du sein (sur une population ciblée, à un rythme régulier). Il concerne les personnes de 50 à 74 ans, hommes et femmes, et se fait tous les deux ans. Ce dépistage devrait être généralisé à la fin de l'année 2008 à la France entière. Il consiste en un test de dépistage simple, appelé Hémoccult II, qui recherche des traces de sang, invisibles à l'œil nu, dans les selles. En pratique, chez soi, trois jours de suite, on dépose deux fragments de selle sur des plaquettes spéciales qui sont ensuite envoyées au laboratoire puis analysées. Si les selles contiennent du sang, une coloscopie est effectuée. Le médecin introduit un tube fin, muni d'une minicaméra, dans le rectum et il remonte le long du côlon. Il visualise ainsi toutes les parois du rectum et du côlon, à la recherche de l'anomalie qui provoque le saignement. Le médecin profite aussi de cet examen pour traiter des polypes s'il y en a. Le problème majeur de cet examen très fiable est qu'il fait peur. Par gêne, par crainte de la douleur, les personnes hésitent à en bénéficier. Or il est fait sous anesthésie. Le plus souvent, c'est une anesthésie très courte appelée neuroleptanalgésie. On administre un produit qui provoque une « absence » le temps de l'examen. On n'a donc pas la mémoire de la coloscopie. On peut rentrer chez soi le soir même. De plus, comme ce n'est pas une anesthésie générale, les personnes âgées et les malades peuvent en bénéficier.

Au-delà de ce dépistage, une surveillance systématique par coloscopie concerne les personnes qui ont des polypes (qui peuvent se transformer en cancer) dans le côlon et celles dont un membre de la famille a été atteint d'un cancer du côlon ou du rectum. Les cancers du côlon et du rectum sont parfois provoqués par des maladies familiales, comme la polypose adénomateuse familiale. La prise en charge des familles concernées est très spécifique.

ET LE DÉPISTAGE DU CANCER DE LA PROSTATE ?

Le cancer de la prostate ne fait pas l'objet d'un dépistage systématique. Toutefois, les spécialistes conseillent aux hommes âgés de 50 à 75 ans de faire chaque année un examen de la prostate, par un toucher rectal, et une prise de sang pour doser le PSA, une substance produite par la prostate et qui augmente en cas de cancer. Là aussi, il y a une forte réticence, des hommes mais aussi de certains médecins, à pratiquer un toucher rectal. D'accord, c'est un peu gênant mais c'est rapide, indolore et très utile. Au-delà de 75 ans, on estime que le dépistage n'est plus indispensable car les cancers de la prostate qui évoluent lentement n'auront pas le temps de devenir agressifs. La mise en place d'un dépistage organisé, comme pour le cancer du sein, fait l'objet de vifs débats. Pour l'instant, les autorités sanitaires ne le jugent pas assez efficace. Les résultats d'études, l'une américaine, l'autre européenne, sont attendus au cours de l'année 2008 et pourraient faire évoluer cette attitude. Par ailleurs il ne faut pas négliger certains signes. Des envies fréquentes d'uriner, des difficultés à uriner, le fait de se lever plusieurs fois la nuit doivent inciter à consulter.

COMMENT DÉPISTER LES CANCERS DE LA PEAU ?

Il est recommandé de surveiller régulièrement sa peau, notamment ses grains de beauté. Toute anomalie doit faire consulter un médecin !

On connaît bien les personnes qui ont plus de risques que les autres de développer un cancer de la peau : celles à peau claire, qui ont de nombreux grains de beauté, qui s'exposent beaucoup au soleil ou encore qui travaillent dehors. En plus d'une surveillance personnelle de la peau, un examen annuel chez le dermatologue est fortement recommandé. C'est aussi le cas pour les personnes qui ont déjà eu un mélanome ou celles dont un membre de la famille a été atteint.

Après 50 ans, une consultation annuelle chez le dermatologue est conseillée.

TABLEAU RÉCAPITULATIF :
QUELS EXAMENS FAIRE, À QUEL ÂGE ?

	À partir de 20 ans	de 40 ans	de 50 ans
Femmes	**Examen du col de l'utérus :** frottis (à compléter si nécessaire par un test au papillomavirus)	**Examen du col de l'utérus :** frottis (à compléter si nécessaire par un test au papillomavirus)	**Examen du col de l'utérus :** frottis (à compléter si nécessaire par un test au papillomavirus)
Femmes	**Examen des seins :** autopalpation des seins et surveillance gynécologique une fois par an mammographie dans le cas particulier des cancers du sein familiaux	**Examen des seins :** autopalpation des seins, consultation annuelle chez le gynécologue	**Examen des seins :** mammographie à réaliser tous les 2 ans, autopalpation des seins, consultation annuelle chez le gynécologue
Hommes		**Examen de la prostate :** toucher rectal et dosage du PSA	
Hommes et femmes	**Examen de la peau :** autosurveillance ou consultation chez un dermatologue une fois par an pour les personnes à risque	**Examen de la peau :** autosurveillance ou consultation chez un dermatologue une fois par an pour les personnes à risque	**Examen de la peau :** consultation chez un dermatologue une fois par an
Hommes et femmes	**Examen du côlon :** coloscopie si antécédents familiaux	**Examen du côlon (dépistage organisé à l'étude) :** test Hémoccult II et coloscopie si nécessaire	

QUELS DÉPISTAGES SONT PROPOSÉS AUX ENFANTS ET AUX ADOLESCENTS ?

Les cancers sont rares chez les enfants et les adolescents. Il est donc très difficile d'envisager un dépistage systématique pour tous les jeunes, à l'aide d'examens radiologiques ou du dosage de marqueurs tumoraux. D'autre part, il faut éviter le plus possible d'exposer les enfants en pleine croissance aux radiations des examens, même si elles sont minimes. Le dépistage est donc réservé aux formes familiales des cancers. Les tumeurs de la rétine sont héréditaires : 1 enfant sur 2 risque d'être touché par ce cancer si un de ses parents l'a été dans son enfance. La surveillance et un dépistage précoce sont donc essentiels dans ce cas précis. Pour les autres cancers, la composante héréditaire n'est pas aussi forte. Si plusieurs membres d'une famille ont été atteints par le même cancer, une enquête génétique va rechercher un gène qui prédispose à ce cancer. La prévention reste le moyen le plus efficace de se protéger des cancers, en essayant d'inculquer une hygiène de vie saine à ses enfants, sans tabac, sans alcool, avec une alimentation équilibrée et une pratique sportive régulière…

POURQUOI NE FAIT-ON PAS DES DÉPISTAGES À TOUT LE MONDE ?

Il serait très séduisant de proposer une série de dépistages à toute la population afin d'améliorer les chances de guérison. C'est hélas illusoire car les mesures de dépistage ont un coût, et les facteurs économiques limitent la quantité d'examens qui peuvent être réalisés. « La santé n'a pas de prix », dit le proverbe, mais, en pratique, elle est coûteuse pour la société et c'est ce qui limite la généralisation des dépistages.

Ils doivent de surcroît répondre à des critères d'efficacité, en étant faciles à faire et fiables. Or on sait que, en dépistant toute la population, on trouverait forcément des anomalies. La plupart donneraient lieu à d'autres examens (pas toujours anodins) parfois à des gestes chirurgicaux, tout cela pour identifier des lésions bénignes.

Un dépistage généralisé de tous les risques de cancers que nous encourons transformerait la planète en un vaste hôpital… rempli de bien-portants.

CHAPITRE IV
LES DIVERS TRAITEMENTS

Aujourd'hui, les chercheurs, les chirurgiens et les médecins ont mis au point plusieurs traitements pour lutter contre les cancers : chirurgie, chimiothérapie, radiothérapie mais aussi hormonothérapie, immunothérapie, traitements ciblés... Ils ont tous le même but, guérir les personnes atteintes de cancer. Lorsque ce n'est pas possible, ils ralentissent l'évolution de la maladie et parviennent à améliorer la qualité de vie des patients. Mais de réels progrès ont été réalisés puisque près de la moitié des cancers sont à l'heure actuelle guéris.

GÉNÉRALITÉS

On entend parfois dire que l'on ne peut pas guérir d'un cancer. Répétons-le : cette affirmation est fausse ! Il faut simplement préciser que tous les cancers ne peuvent pas être guéris car de nombreux paramètres entrent en cause : la précocité du diagnostic de l'affection, donc la rapidité avec laquelle le traitement est commencé, le type de cancer, son stade, la présence ou non de métastases, son agressivité vis-à-vis des organes qui l'entourent, la sensibilité de la tumeur au traitement...

On estime que 6 cancers sur 10 sont guéris chez les femmes, environ 3 sur 4 chez les enfants, mais le taux de guérison ne dépasse pas 40 % chez les hommes, notamment du fait de la fréquence et de la gravité, chez eux, du cancer du poumon.

QUAND PARLE-T-ON DE GUÉRISON ?

On parle de guérison lorsque le cancer n'a pas rechuté au bout d'une certaine durée après l'arrêt du traitement. Cette durée dépend, entre autres critères, du type de cancer et de la rapidité à laquelle il évolue par exemple. Elle est souvent difficile à déterminer.

QU'EST-CE QU'UNE RÉMISSION ?

Des cellules cancéreuses peuvent persister sans être détectées, alors que tous les signes de guérison sont en apparence présents. Devant la difficulté à déterminer le moment où une personne est guérie de son cancer, les médecins préfèrent parler de rémission les premières années (cette durée est variable selon les cancers). Le terme « rémission » signifie donc que tous les signes de la maladie ont disparu après le traitement. Plus cette rémission est longue, plus les chances d'être guéri augmentent. Mais, en l'absence de preuve, le terme « guérison » n'est pas prononcé. Il est remplacé par celui de « rémission ».

QU'APPELLE-T-ON « RÉCIDIVE » ?

Une récidive correspond à la réapparition de cellules cancéreuses. Elle est découverte à l'occasion d'un bilan de surveillance ou d'un bilan réalisé à cause de l'apparition de certains symptômes. Ces cellules cancéreuses ont échappé aux traitements mais elles peuvent aussi être nouvelles. Une récidive est toujours très difficile à vivre, car elle replonge dans l'angoisse et l'incertitude et elle signifie qu'un traitement doit à nouveau être commencé, avec ses effets secondaires et ses difficultés. Mais les récidives peuvent être traitées de manière tout aussi efficace que le cancer initial. Les traitements peuvent être renforcés, comme dans le cas des récidives de leucémie, complétés par d'autres traitements, notamment les nouveaux (qui font appel aux traitements ciblés par exemple). De nos jours, il est possible de vivre en dépit de plusieurs récidives. Certains cancers évoluent sur une longue période, ce qui les fait assimiler à des maladies chroniques, alternant des périodes de rémission et d'autres de soins. Cette conception, bien plus positive, est possible grâce aux nouveaux traitements.

QU'EST-CE QUE LA PLURIDISCIPLINARITÉ ?

La pluridisciplinarité est l'association de plusieurs disciplines pour prendre en charge le mieux possible les patients et optimiser leurs chances de guérison. Plus concrètement, le choix, la mise en place et le suivi des traitements sont effectués par plusieurs professionnels de santé, chacun spécialisé dans un domaine : oncologue médical (qui chapeaute en général la prise en charge et supervise la chimiothérapie), radiothérapeute, chirurgien, médecin spécialiste de l'organe atteint, généraliste. Et puis interviennent aussi, tant dans le diagnostic précoce du cancer que dans le suivi après les traitements, les infirmières, les psychologues... L'alliance de ces différentes compétences est essentielle aussi bien pour le confort du patient que pour l'efficacité de la prise en charge.

La chirurgie

Quels sont les différents types de chirurgie ?

La chirurgie est souvent un temps incontournable du traitement d'un cancer. Elle peut avoir pour but de retirer la tumeur, tout l'organe atteint, les ganglions ou les métastases si cela est possible. C'est ce que l'on appelle une chirurgie d'exérèse, qui a pour but d'enlever toutes les cellules cancéreuses. Or les tumeurs malignes sont mal limitées ; elles ont des contours irréguliers. C'est pour cette raison que le chirurgien est obligé de prévoir une marge de sécurité autour de la tumeur, autrement dit une zone plus large que celle-ci, car des cellules cancéreuses peuvent s'y trouver. On parle de « tumorectomie » ou de chirurgie conservatrice. Mais il faut souvent retirer tout l'organe, voire les tissus qui l'entourent (par exemple, pour le sein, c'est une « mastectomie »).

LA CHIRURGIE RECONSTRUCTRICE
DE PLUS EN PLUS UTILISÉE

La chirurgie a aussi pour vocation de rendre au corps l'aspect qu'il avait avant l'opération : c'est une chirurgie « reconstructrice ». On imagine facilement son importance après l'ablation d'un sein. Cette chirurgie permet aussi de reconstruire les fonctions d'un organe, comme dans le cancer colorectal.

QUELLES SONT LES COMPLICATIONS DE LA CHIRURGIE ?

Ce sont celles de tout acte chirurgical. Toute opération chirurgicale fait courir un risque minime d'hémorragie au cas où un vaisseau important est touché, mais aussi celui d'infection : c'est une complication relativement fréquente de la chirurgie car la plaie est un site à risque, propice au développement des microbes. La survenue d'une infection dépend également de la fragilité ou non des défenses immunitaires. Une infection nosocomiale (contractée à l'hôpital plus de 48 heures après l'admission) est aussi possible. Elle est provoquée par la manipulation du matériel utilisé, par la présence de microbes à l'hôpital, par une « auto-infection » le plus souvent (le patient est infecté par ses propres germes)...

Autre complication provoquée par l'alitement qui suit l'opération : la phlébite. Le sang coagule dans une veine, il forme un caillot et il la bouche, l'empêchant de fonctionner correctement. La mesure principale de prévention est de faire lever le malade rapidement après l'opération. Le fait de marcher stimule en effet la circulation sanguine et évite la formation de caillots. Dans certains cas, des médicaments qui fluidifient le sang peuvent être prescrits, sous forme de piqûres au départ, puis de comprimés.

Les autres complications sont plus spécifiques à chaque opération. Lorsque le chirurgien a retiré une partie de l'organe opéré, il faut un certain temps d'adaptation avant de retrouver un fonctionnement correct. C'est le cas pour le poumon, la prostate, le côlon...

LE CURAGE GANGLIONNAIRE

Les ganglions lymphatiques sont un passage privilégié pour les cellules cancéreuses lorsqu'elles se disséminent dans le corps, pour envahir d'autres organes et former des métastases. Il est donc essentiel pendant l'opération de vérifier si les ganglions proches de la tumeur sont atteints par le cancer. Le plus souvent, la majorité est retirée puis analysée au microscope afin de voir si des cellules cancéreuses sont présentes ou non. C'est ce que l'on appelle un « curage » ganglionnaire. Une autre technique existe lorsque la tumeur principale est petite : seul le ganglion qui reçoit en premier le liquide lymphatique, appelé « ganglion sentinelle », est prélevé et analysé. S'il n'est pas envahi par les cellules cancéreuses, on estime que les autres ne le sont pas non plus et le chirurgien ne fait pas le curage ganglionnaire dans sa totalité. C'est un avantage non négligeable car le curage ganglionnaire perturbe la circulation de la lymphe, le liquide qui draine l'organisme. Elle risque alors de s'accumuler et d'entraîner un gonflement, parfois très douloureux et gênant (notamment dans le cadre du cancer du sein, au niveau du bras, ce qu'on appelle « le gros bras »). La kinésithérapie et des massages spécifiques peuvent soulager ce désagrément qui est souvent très pénible.

LA CHIMIOTHÉRAPIE

QU'EST-CE QU'UNE CHIMIOTHÉRAPIE ?

La chimiothérapie est l'administration de médicaments capables de détruire le cancer. On fait appel à elle dans 75 % des cancers. Elle a l'avantage, par rapport à la chirurgie ou à la radiothérapie, de s'attaquer à toutes les cellules cancéreuses présentes dans le corps, et pas seulement à la tumeur. C'est pour cette raison qu'il s'agit d'un traitement général du cancer, par opposition à un traitement local, qui n'agit que sur la tumeur. On l'utilise donc en théorie lorsque la maladie est disséminée dans l'organisme. Mais la chimiothérapie est également nécessaire dans certains cas pour réduire la taille du cancer avant la chirurgie, ce qui permet de privilégier une chirurgie conservatrice. De plus, ce traitement diminue aussi les risques de récidive, ce qui veut dire que même quand il n'y a pas de métastase, on peut faire une chimiothérapie. Celle-ci détruira d'éventuelles cellules cancéreuses qui seraient parties de la tumeur initiale. On augmente ainsi les chances de guérison. Il faut savoir que les cancers sont plus ou moins sensibles à la chimiothérapie. En fonction de tous ces éléments, l'équipe soignante détermine sa place au sein de la prise en charge, avant ou après la chirurgie si celle-ci est efficace. Pour bien comprendre l'action d'une chimiothérapie, il se faut rappeler que les cellules cancéreuses sont caractérisées par leur capacité à se diviser, à se reproduire et donc à se multiplier de manière incontrôlée. C'est cette capacité de prolifération à l'infini qui confère toute sa dangerosité au cancer. La chimiothérapie est un moyen chimique de bloquer la multiplication des cellules et de les tuer. Avec une limite : elle n'est pas efficace sur tous les cancers.

QUELS SONT LES MÉDICAMENTS UTILISÉS ?

Les médicaments utilisés pour traiter les cancers ont fait l'objet d'études qui ont validé leur efficacité et leur tolérance. Il en existe plus d'une cinquantaine, et de nouveaux médicaments sont produits chaque année. Ils sont extraits à partir de végétaux ou produits par synthèse en laboratoire. On associe souvent plusieurs médicaments afin d'augmenter leur efficacité. Le choix de ces médicaments dépend beaucoup du type de cancer et de sa sensibilité au traitement : certains sont efficaces sur le cancer du poumon mais ils le sont moins sur un cancer colorectal, par exemple. Le protocole (le type et le déroulement du traitement) est donc adapté à chaque patient et à chaque cancer.

LE CHOIX DU TRAITEMENT CHIMIOTHÉRAPIQUE, EN ACCORD AVEC LE PATIENT

La chimiothérapie n'est pas un traitement anodin, le patient a donc son mot à dire dans le choix des thérapeutiques. Les médecins informent la personne malade des possibilités, du protocole retenu par l'équipe pluridisciplinaire ainsi que des effets secondaires des différents traitements. Le protocole établi par les médecins est choisi pour être le plus efficace possible, tout en tenant compte des effets indésirables pour le patient. Mais il ne faut pas hésiter à dialoguer, à poser des questions, à réfléchir sur l'acceptation du traitement ou non.

COMMENT AGISSENT LES MÉDICAMENTS DE CHIMIOTHÉRAPIE ?

Les médicaments de chimiothérapie agissent directement en détruisant les cellules en cours de multiplication ou en les privant des substances essentielles à cette multiplication. Un grand nombre d'étapes, de mécanismes permet cette multiplication ; chaque médicament – ou plutôt chaque famille de médicaments – bloque un de ces mécanismes. Et, comme les cellules du cancer se reproduisent très vite, elles sont touchées en grande quantité par la chimiothérapie.

L'inconvénient, c'est que cette chimiothérapie agit sur toutes les cellules du corps qui se divisent, y compris les cellules saines, non cancéreuses : celles de la moelle osseuse, du tube digestif, des follicules pileux (à l'origine des cheveux et des sourcils)… Elle est donc responsable d'effets secondaires : perte des cheveux, diarrhées, chute des globules blancs et rouges… Toute la difficulté du traitement est donc de déterminer la dose suffisamment efficace pour détruire le maximum de cellules cancéreuses, tout en limitant l'atteinte des cellules normales.

COMMENT ÇA SE PASSE EN PRATIQUE ?

La chimiothérapie est administrée seule ou en complément d'autres traitements : dans ce dernier cas, il s'agit d'une chimiothérapie adjuvante. Les médicaments sont donnés par perfusion – c'est le mode d'administration le plus fréquent.

Chaque perfusion dure de 2 à 3 heures, et elle est renouvelée pendant un ou plusieurs jours : c'est une « cure » (ou une séance). Le nombre de cures est déterminé par le médecin (entre 4 et 8, en moyenne) et des périodes de repos, de quelques semaines en général, sont prévues entre chaque séance pour permettre aux tissus sains de se régénérer.

On peut aussi administrer la chimiothérapie par voie orale sous forme de comprimés. Cette dernière méthode commence à se développer. Beaucoup plus rarement, on procédera par injection dans un muscle ou en application locale directement sur la peau.

OÙ A LIEU LA CHIMIOTHÉRAPIE ?

La chimiothérapie se fait le plus souvent en « hôpital de jour » : on est perfusé pendant plusieurs heures puis on repart chez soi. Lors de la première cure, une surveillance de courte durée à l'hôpital est parfois nécessaire après le traitement.

Ensuite, la séance se fait le plus souvent en moins d'une journée. C'est un traitement « ambulatoire », on ne dort pas à l'hôpital. La chimiothérapie est réalisée en ambulatoire dans la grande majorité des cas. Pour certains médicaments, une hospitalisation d'un jour ou deux peut être nécessaire. Dans certains cas, la chimiothérapie est effectuée au domicile du patient, c'est une HAD, une hospitalisation à domicile. Le médecin traitant et une infirmière viennent régulièrement voir le patient pour préparer les médicaments, pratiquer les soins et veiller à ce que tout se passe bien. Généralement, les médicaments sont disponibles dans les pharmacies de ville. Mais, pour certains, il est parfois nécessaire de se rendre à la pharmacie de l'hôpital.

Dans tous les cas, la préparation de la perfusion nécessite du temps car les produits utilisés sont très spécifiques, parfois toxiques pour ceux qui les manipulent, et comme ils ne peuvent pas être préparés à l'avance, cela explique qu'il faille souvent attendre un peu, parfois longtemps, avant que les médicaments ne soient administrés.

QU'EST-CE QU'UN CATHÉTER OU UNE CHAMBRE IMPLANTABLE ?

Pour améliorer le confort du patient lors des cures, la chimiothérapie se pratique souvent avec un dispositif spécial, le cathéter et la chambre implantable, à la place d'une perfusion classique, posée dans une petite veine du bras. Ce dispositif est constitué d'un réservoir (la chambre) placé sous la peau et relié à une grosse veine en profondeur par un fin tuyau stérile, le cathéter. L'ensemble est posé sous anesthésie locale, au niveau d'une veine du cou ou juste sous la clavicule, et il est laissé en place pendant tout le traitement (un an en général). Lorsqu'une perfusion doit être réalisée, l'infirmière utilise une aiguille spéciale qu'elle fixe dans le réservoir. Cette aiguille est reliée à la poche de perfusion qui contient le médicament utilisé pour la chimiothérapie. La chambre implantable a l'avantage d'assurer la perfusion en toute sécurité, car les produits ont un effet toxique sur les petites veines, comme celles des bras par exemple. Ce dispositif est donc particulièrement indiqué lorsque les veines sont fragiles, que les perfusions sont longues et répétées. Les injections sont moins douloureuses et le risque de fuite du produit moins grand (avec une perfusion traditionnelle, dans une petite veine, le produit peut fuir à côté de la veine. Le bras perfusé gonfle et devient douloureux).

Notons qu'il est tout à fait possible de prendre un bain ou une douche avec ce dispositif car la chambre est bien protégée sous la peau.

La chambre implantable permet aussi d'administrer le produit de manière continue, ce qui convient très bien aux chimiothérapies effectuées à domicile. Le cathéter est alors relié à une pompe portable, de petite taille.

Quels sont les inconvénients de la chambre implantable ?

Même si les avantages de la chambre implantable sont supérieurs à ses inconvénients, ce dispositif peut générer des complications. La pose provoque parfois des douleurs ou des hématomes qui sont tous deux transitoires. Une veine du cou peut être bouchée par un caillot de sang, ce qui entraîne un gonflement du cou et du bras. Cette complication est traitée par des anticoagulants, médicaments qui dissolvent le caillot. Si le cathéter se bouche, il faut changer la chambre. Enfin, le dispositif peut s'infecter, ce qui nécessite un traitement par antibiotiques, voire son retrait.

Comment est administrée la chimiothérapie à domicile ?

La chimiothérapie à domicile a été facilitée grâce aux comprimés : il « suffit » de suivre la prescription du médecin, et des consultations permettent d'évaluer régulièrement les effets du traitement. Les médicaments peuvent aussi être délivrés *via* un « diffuseur » – un réservoir en élastomère spécial relié une chambre implantable. Il contient la chimiothérapie et peut être fixé à la ceinture pendant la journée, accroché en hauteur sous la douche ou mis sous l'oreiller la nuit. Le diffuseur permet de vivre presque normalement la vie quotidienne.

Combien de temps dure la chimiothérapie ?

La durée de la chimiothérapie dépend de plusieurs facteurs : le type de cancer, de chimiothérapie (néoadjuvante, avant la chirurgie ou adjuvante, après l'opération) et aussi la réponse du corps à ce traitement. En moyenne, lorsqu'elle est associée à un autre traitement, la chimiothérapie s'étend sur 5 à 6 mois, par exemple 12 cures en 6 mois. Lorsqu'elle est effectuée en cas de métastases que l'on ne peut pas opérer, elle peut s'étendre sur de plus longues périodes.

QUELS EXAMENS SONT NÉCESSAIRES AVANT UNE CURE DE CHIMIOTHÉRAPIE ?

Avant de commencer une cure de chimiothérapie, il faut réaliser au minimum une prise de sang. Elle permet de vérifier que les paramètres sanguins sont corrects, notamment la quantité de globules blancs (les défenses immunitaires), de globules rouges et de plaquettes, qui participent à la coagulation du sang. Si les résultats sont anormaux, la cure peut être repoussée à plus tard. Pendant ce temps, un traitement pour compenser l'anomalie est mis en place. La prise de sang évalue aussi le fonctionnement des reins et du foie, qui peuvent être altérés par la chimiothérapie. Une consultation avec le médecin a également lieu avant de commencer le traitement. Elle a pour objet de faire le point sur l'état de santé et les éventuels effets indésirables provoqués par une précédente cure. Il faut donc être attentif à tout signe anormal afin que le médecin puisse prescrire un traitement adapté. Le poids doit également être surveillé de près car les doses de médicaments dépendent aussi de lui.

Il est conseillé de prendre un petit déjeuner normal avant la séance, et aussi de se faire accompagner car le traitement peut être mal supporté et empêcher le patient de conduire un véhicule.

QUELS SONT LES EFFETS INDÉSIRABLES DE LA CHIMIO-THÉRAPIE ?

Les effets secondaires provoqués par la chimiothérapie dépendent des produits utilisés, chaque médicament ayant une toxicité qui lui est propre. La dose, l'association à d'autres médicaments ou encore les réactions propres à chaque patient entrent aussi en compte dans la survenue de ces effets indésirables. Ils ne sont pas liés à l'efficacité de la chimiothérapie.

Certains sont plus fréquents que d'autres mais, dans tous les cas, il ne faut pas oublier qu'ils sont temporaires, souvent modérés et que surtout ils ne sont pas systématiques. Nausées, vomissements, troubles du transit, inflammation de la bouche avec des aphtes sont possibles. La perte des cheveux est tristement notoire, même si on parvient parfois à la minimiser. Des infections ou une fatigue peuvent aussi survenir.

Une telle liste est effrayante, mais heureusement, certains effets ne surviennent jamais et, d'une cure à l'autre, ils peuvent être variables. Beaucoup de progrès ont été faits ces dernières années pour limiter et parfois éviter ces conséquences pénibles et améliorer la qualité de vie des patients traités.

LA VARIABILITÉ DES CHIMIOTHÉRAPIES

Il faut insister sur la variabilité des chimiothérapies d'un patient à l'autre, d'un cancer à l'autre. Il existe de nombreux protocoles validés pour chaque cancer. Le nombre de cures, la durée des perfusions, de la chimiothérapie, les produits utilisés peuvent être différents chez des patients atteints d'un même cancer. Il en va de même pour les effets secondaires. Chaque patient est particulier et chaque cancer est traité d'une manière particulière.

COMMENT SONT SOIGNÉS LES NAUSÉES ET LES VOMISSEMENTS ?

Les nausées et les vomissements peuvent être limités grâce à la prescription de médicaments appelés « antiémétiques ». Ils sont d'abord présents dans la perfusion de chimiothérapie pendant la cure, puis on les prescrit par comprimés ou suppositoires dans les 3 ou 4 jours qui suivent. Des petits trucs comme des repas fractionnés (tièdes ou froids) peuvent aider.

QUELS SONT LES EFFETS DE LA CHIMIOTHÉRAPIE SUR LE SANG ?

Lorsque la baisse du nombre de globules blancs est importante, elle peut provoquer de la fièvre et une infection. Au-delà de 38 °C, il faut appeler son médecin traitant et faire une prise de sang pour vérifier le nombre de globules blancs. Il est conseillé d'éviter le contact avec des gens malades. Pour compenser le manque, on utilise un médicament qui va agir sur la moelle osseuse pour qu'elle produise plus de globules blancs. Ce sont les « facteurs de croissance ». Ce traitement de 5 à 7 jours est commencé 3 ou 4 jours avant la chimiothérapie, par injection sous-cutanée réalisée par une infirmière. Il faut parfois décaler la date de la cure suivante, pour laisser le temps aux défenses immunitaires de se reconstituer.

La baisse des globules rouges peut aboutir à une anémie, au-dessous d'un certain seuil. Elle est particulièrement fatigante mais peut être compensée grâce à de l'érythropoïétine (Epo), qui stimule la production de ces globules. Une injection sous-cutanée est alors administrée 3 fois par semaine pendant toute la durée de la chimiothérapie. Si l'anémie est très importante, une transfusion peut être envisagée.

PEUT-ON PRÉVENIR LA PERTE DES CHEVEUX ?

La perte des cheveux survient systématiquement au bout de quelques semaines de chimiothérapie. La chute est partielle ou totale et elle peut être limitée par le port d'un casque réfrigéré pendant la cure. Il est conseillé de ne pas se brosser les cheveux le jour même et d'utiliser des shampooings doux dans les jours qui suivent. Mais heureusement les cheveux repoussent, assez rapidement, environ un mois après l'arrêt du traitement ! Leur texture est souvent modifiée.

QUELLES SONT LES SOLUTIONS POUR COMPENSER LA PERTE DES CHEVEUX ?

Foulards noués en turban, chapeaux, perruques, chevelures de contact ou prothèses capillaires…, il existe plusieurs solutions pour masquer la chute des cheveux. Il est fortement recommandé de s'y prendre à l'avance, avec une amie et lorsqu'on n'est pas trop fatigué. Certaines perruques sont prises partiellement en charge par la Sécurité sociale.

La chevelure de contact est une autre solution. Il s'agit de cheveux naturels ou synthétiques qui sont implantés sur une membrane de tulle. Elle est collée à la peau du crâne pour être portée 24 heures sur 24. Cette chevelure se coiffe et peut être lavée. Normalement, elle permet d'aller à la piscine ou de faire du sport sans problème. Elle dure de 6 à 9 mois et coûte en moyenne de 750 à 950 euros pour des cheveux naturels et environ 575 euros pour des synthétiques. Les prothèses capillaires, elles, ne se portent pas en permanence et ne permettent pas de mettre la tête sous l'eau. Elles coûtent entre 165 et 529 euros.

PENSEZ AUSSI AUX SOURCILS !

Eux aussi tombent lors d'une chimiothérapie ! Et leur absence modifie l'aspect du visage. Il existe des kits spéciaux pour maquiller et redessiner ses sourcils, avec un résultat très naturel.

COMMENT SONT TRAITÉS LES AUTRES EFFETS SECONDAIRES DE LA CHIMIOTHÉRAPIE ?

Chaque effet peut recevoir un traitement qui soulage ou améliore la situation. Les troubles du transit sont soignés par des médicaments et une alimentation adaptée, grâce aux conseils des médecins ou d'un nutritionniste. L'irritation de la bouche, qui empêche parfois de manger, est traitée par des bains de bouche, une hygiène dentaire irréprochable, l'éviction de certains aliments (épicés, acides, secs ou durs, le gruyère, les noix, l'ananas), du tabac et de l'alcool. La chute du nombre de plaquettes, en période de traitement, risque de provoquer des saignements du nez, des gencives il faut utiliser un rasoir électrique, une brosse à dents souple, éviter l'aspirine (qui favorise le saignement). Une transfusion peut être nécessaire. Les causes de la fatigue doivent être analysées : maladie, traitements, angoisse. Un mode de vie très équilibré peut aider à la surmonter.

La chimiothérapie n'est pas douloureuse mais certains effets secondaires peuvent l'être (inflammation de la bouche, de l'œsophage, de l'estomac, douleurs dans les muscles, dans les articulations…). Si elles apparaissent, les douleurs doivent être traitées rapidement par l'équipe médicale, selon leur origine.

QUEL EST LE RETENTISSEMENT DE LA CHIMIOTHÉRAPIE SUR LA VIE DE COUPLE ?

Certains médicaments peuvent abaisser le nombre de spermatozoïdes et donc diminuer la fertilité chez un homme. S'il existe un projet d'enfant, un prélèvement de sperme est réalisé, congelé et conservé dans une banque du sperme. Mais, selon les médicaments, la fertilité peut revenir à la normale. Chez les femmes, le cycle peut être perturbé, avec des signes de ménopause parfois, mais tout rentre dans l'ordre à l'arrêt des traitements. La sexualité n'est pas perturbée par la chimiothérapie, mais plutôt par le contexte qui l'entoure, la maladie, la fatigue. L'arrêt des traitements contribue au retour d'une sexualité normale.

TABLEAU RÉCAPITULATIF
DES PRINCIPAUX EFFETS SECONDAIRES DE LA CHIMIOTHÉRAPIE

Effets	Conséquences	Traitements
Nausées, vomissements	Fatigue, désagrément, perte de poids	Antiémétiques, adaptation de l'alimentation
Diarrhée	Fatigue, déshydratation	Antidiarrhéiques, réhydratation

Constipation	Désagrément	Laxatifs, alimentation riche en fibres…
Irritation de la bouche (aphtes, sécheresse)	Difficultés pour manger, douleurs	Bains de bouche, brossage des dents après chaque repas, éviter les aliments acides ou épicés, le tabac, l'alcool
Chute des cheveux	Gêne esthétique	Casque réfrigéré, perruque
Baisse du nombre des globules blancs	Infections, fièvre	Antibiotique, recul de la cure suivante, « facteurs de croissance »
Baisse du nombre des globules rouges	Fatigue	Epo (érythropoïétine), transfusion de globules rouges
Baisse du nombre des plaquettes	Hémorragie	Transfusion de plaquettes
Fatigue		Relaxation, alimentation équilibrée
Diminution de l'appétit	Perte de poids, découragement	Aide psychologique, conseils nutritionnels

LA RADIOTHÉRAPIE

QUELS SONT LE PRINCIPE ET L'INTÉRÊT DE LA RADIO-THÉRAPIE ?

La radiothérapie détruit les cellules cancéreuses grâce à l'émission de radiations qui attaquent le cœur même de la cellule (le noyau où sont contenus les gènes). Les cellules cancéreuses ne savent pas réparer ces lésions (à l'inverse des cellules normales) et elles meurent. La radiothérapie agit localement : seule la zone malade est irradiée, les rayons traversent le corps et ils ne restent pas à l'intérieur. La plupart du temps, l'administration des rayons est effectuée à petites doses tous les jours, pour laisser le temps aux cellules saines de se réparer entre deux séances. Ce traitement très efficace est utilisé dans plus de la moitié des cas car il reste souvent, après une opération, des cellules cancéreuses éloignées du cancer. Les examens ne les détectent pas mais elles peuvent provoquer des rechutes si elles ne sont pas traitées.

La radiothérapie peut également être effectuée avant l'opération pour réduire la taille de la tumeur ou pour soulager les douleurs osseuses provoquées par des métastases. Dans ce dernier cas, on parle de radiothérapie palliative. Ce traitement est aussi utilisé en prévention au niveau du cerveau, pour éviter l'apparition de métastases.

QUELLES SONT LES DIFFÉRENTES FORMES DE RADIOTHÉRAPIE ?

Il existe deux formes de radiothérapie : « externe » si la source de rayonnement est située à distance du patient, « interne » si elle est en contact avec la tumeur (il s'agit d'une « curiethérapie »). La radiothérapie externe est le traitement de référence, le plus souvent abrégé en « radiothérapie » sans autre précision.

COMMENT SE PASSE LA RADIOTHÉRAPIE EXTERNE ?

Le radiothérapeute, spécialiste de la radiothérapie, utilise un appareil complexe qui émet des rayons X sur la zone qui doit être traitée. Il faut, avant de commencer le traitement, repérer ces zones et les délimiter par des marques tracées sur la peau grâce à un stylo spécial. Celles-ci sont protégées par un pansement imperméable et transparent car il faut garder les marques jusqu'à la fin du traitement, où elles sont alors gommées.

Le patient est immobilisé pour que les rayons restent bien ciblés sur la zone à traiter. L'irradiation dure quelques minutes mais la séance totale est plus longue, entre 15 et 20 minutes, le temps d'installer le patient et de préparer l'appareil. Il y a en général 25 à 35 séances, à raison d'une par jour, 5 jours par semaine. Des consultations avec le radiothérapeute permettent de surveiller le bon déroulement des séances et de faire le point sur l'apparition d'effets indésirables.

Au total, le traitement dure entre 5 et 7 semaines si le patient tolère bien les rayons. Mais le nombre de séances peut être beaucoup plus faible si la radiothérapie est « condensée » (de fortes doses en une semaine).

La radiothérapie ne rend pas radioactif et il n'y a pas de danger pour l'entourage, y compris les jeunes enfants et les femmes enceintes. Une vie normale est tout à fait compatible avec les séances.

ET LA RADIOTHÉRAPIE INTERNE, OU CURIETHÉRAPIE ?

Dans le cas d'une irradiation interne, la source radioactive délivre des rayonnements différents de ceux de la radiothérapie externe. C'est de l'iridium, le plus souvent, ou du césium. Cette source est placée sur une petite tige – une sonde que l'on introduit dans les tissus cancéreux, dans la cavité de l'utérus par exemple pour un cancer du col utérin.

Elle peut aussi être implantée au sein de la tumeur si elle est petite, comme sur la lèvre ou la langue (on utilise alors des fils, laissés dans les tissus cancéreux). La source est laissée 3 à 5 jours en moyenne, selon la quantité d'irradiation à délivrer. Pendant cette période, le patient est isolé dans une chambre protégée par des parois de plomb. La source est ensuite retirée et lorsque l'on sort de l'hôpital, plus aucune radioactivité n'est libérée. Il existe d'autres techniques, pour le cancer de la prostate, par exemple, où les implants radioactifs sont laissés en place, ou encore pour le cancer de la thyroïde, où l'on utilise de l'iode radioactif.

QUELLES SONT LES PRÉCAUTIONS À PRENDRE PENDANT LA RADIOTHÉRAPIE ?

Il est contre-indiqué d'exposer au soleil les zones irradiées durant tout le traitement, et ceci pendant deux mois. Mais il est ensuite possible de s'exposer normalement, même si une exposition prolongée est toutefois déconseillée. La piscine n'est pas recommandée non plus car l'eau chlorée risque de provoquer des sensations de brûlure. Aucun produit ne doit être appliqué sur la peau irradiée sans qu'on ait au préalable demandé un avis médical.

QUELS SONT LES EFFETS SECONDAIRES IMMÉDIATS DE LA RADIOTHÉRAPIE ?

Les effets secondaires de la radiothérapie sont provoqués par l'irradiation des cellules saines, qui ne parviennent pas toujours à réparer les lésions causées par les rayons. La quantité et l'intensité des rayons administrés sont calculées pour limiter le plus possible ces effets, mais ce n'est pas toujours suffisant. La peau exposée au traitement peut devenir rouge, c'est l'effet « coup de soleil », au bout de 3 ou 4 semaines de radiothérapie. Elle peut devenir chaude, démanger, parfois brûler un peu. Il est recommandé d'utiliser du savon de Marseille, de ne pas utiliser de produits « adoucissants » sans en parler au médecin et de porter des vêtements amples et en coton. Il faut aussi éviter de se raser et d'appliquer du parfum, du déodorant, de l'après-rasage.

Les autres effets secondaires sont très différents selon la partie du corps irradiée : irritation de la bouche et difficultés à avaler pour un cancer de la gorge, maux de tête ou vomissements et perte des cheveux en cas d'irradiation du crâne (les capacités intellectuelles ne sont pas diminuées)... Ces effets sont détaillés dans le chapitre qui est consacré aux principaux cancers (chapitre V).

UNE TECHNIQUE PLUS PRÉCISE, POUR DIMINUER LES EFFETS SECONDAIRES DE LA RADIOTHÉRAPIE

On sait de mieux en mieux repérer avec précision les zones à irradier. Cela permet de traiter uniquement les zones cancéreuses et de limiter les effets secondaires, grâce à la radiothérapie « conformationnelle » : le radiothérapeute utilise un scanner spécial qui permet de visualiser la tumeur et les organes qui l'entourent en 3 D. Cette technique est surtout utilisée dans le traitement des petites tumeurs, comme celles de la prostate, pour l'instant.

COMMENT SONT TRAITÉS LES EFFETS INDÉSIRABLES DE LA RADIOTHÉRAPIE ?

Chaque semaine, une consultation avec le radiothérapeute permet de faire le point sur les effets secondaires du traitement. Elle est essentielle pour améliorer la qualité de vie pendant la radiothérapie. Toute anomalie doit être signalée et prise en charge.

Un traitement adapté est mis en route pour soulager les effets indésirables et éviter leur aggravation : pansements gastriques, médicaments contre la diarrhée ou l'acidité en cas de troubles digestifs, repas légers et fractionnés, froids ou tièdes, si la déglutition est difficile ou en cas de nausées…

Éventuellement, la radiothérapie est suspendue quelques jours si cela est nécessaire.

QUELS SONT LES EFFETS PLUS TARDIFS DE LA RADIOTHÉRAPIE ?

Les rayons ont tendance à épaissir les tissus, à les rendre moins souples. Cela explique la survenue de séquelles plus tardives et spécifiques de la zone traitée, dans les semaines ou les mois qui suivent le traitement. Sur la peau, une pigmentation légère peut persister assez longtemps après l'arrêt de la radiothérapie, mais elle finit par disparaître, sans traitement particulier. De petites veines se dilatent parfois à ce niveau aussi. Un dermatologue peut traiter la zone au laser ou en sclérosant ces petites veines.

Cela dit, le traitement de ces effets secondaires est souvent plus difficile et il est alors nécessaire d'adapter sa vie : soulager la sécheresse de bouche en buvant très régulièrement, choisir des aliments plus faciles à avaler (les produits laitiers, les œufs brouillés, le poisson, la viande hachée…) si déglutir reste pénible.

LA RADIOTHÉRAPIE EST-ELLE DANGEREUSE ?

La radiothérapie en elle-même n'est pas dangereuse dans le sens où elle ne provoque pas d'irradiation massive, comme après une catastrophe nucléaire. Mais elle peut être à l'origine de complications, même si celles-ci restent rares. Leur survenue n'est pas prévisible, elle dépend de la sensibilité de chacun et de l'association à d'autres traitements. La peau irradiée peut s'ulcérer, se creuser et cicatriser avec beaucoup de difficulté. En cas de radiothérapie du thorax, le cœur peut souffrir de l'irradiation, s'entourer d'eau – c'est un épanchement cardiaque : une douleur intense apparaît dans le thorax gauche et la respiration devient difficile. Un traitement soulage rapidement cette complication. On observe aussi, mais rarement, des fractures spontanées de côtes ou une insuffisance cardiaque. La survenue de cancers, 20 ans après la radiothérapie, est exceptionnelle, notamment grâce aux progrès techniques réalisés.

La radiothérapie reste une technique très efficace, qui provoque plutôt des effets indésirables pendant le déroulement des séances et parfois des séquelles plus tardives.

EST-IL NORMAL D'ÊTRE FATIGUÉ OU ANXIEUX PENDANT CE TRAITEMENT ?

La radiothérapie est un traitement très fatigant, d'autant plus qu'elle nécessite des déplacements quotidiens. C'est encore plus vrai si elle est réalisée en même temps qu'une chimiothérapie. Il faut parfois prévoir des temps de repos ou même une sieste si le besoin s'en fait sentir. L'anxiété est elle aussi fréquente mais elle est plus liée à la situation qu'à la radiothérapie elle-même. Un soutien psychologique peut aider à la soulager.

L'HORMONOTHÉRAPIE

QU'EST-CE QUE L'HORMONOTHÉRAPIE ?

Certains cancers sont sensibles aux hormones. On dit qu'ils sont « hormono-dépendants », ce qui signifie qu'ils se développent sous l'action de certaines hormones. C'est notamment le cas de certains cancers du sein et de la prostate, qui sont sensibles aux hormones sexuelles (féminines pour le sein et masculines pour la prostate).

L'hormonothérapie est utilisée pour diminuer la production de ces hormones dans le corps et donc la multiplication des cellules cancéreuses. Pour savoir si un cancer est sensible aux hormones, il faut déterminer au microscope la quantité de « récepteurs hormonaux » : ce sont des éléments présents à la surface des cellules cancéreuses. Un récepteur est pour une hormone l'équivalent de la serrure pour une clé : il lui permet d'entrer dans la cellule, autrement dit d'agir sur son fonctionnement. Le dosage des récepteurs hormonaux est effectué grâce aux prélèvements réalisés lors de l'opération chirurgicale. Si le cancer est sensible aux hormones, on utilise ce traitement seul ou en association avec les autres traitements du cancer : la chirurgie, la chimiothérapie ou la radiothérapie.

L'hormonothérapie agit selon deux grands principes. Elle peut consister en une castration – on retire les organes qui produisent les hormones (les ovaires ou les testicules) – ou en l'administration de médicaments qui empêchent ces organes de sécréter ces hormones. Ou alors on administre des substances qui empêchent l'hormone de se fixer à son récepteur et donc de stimuler le développement du cancer.

L'HORMONOTHÉRAPIE A-T-ELLE DES EFFETS SECONDAIRES ?

L'hormonothérapie provoque des effets indésirables spécifiques de l'hormone contre laquelle on agit et dont on supprime l'effet, mais aussi du médicament utilisé. Dans un traitement contre le cancer du sein, des signes proches de ceux de la ménopause sont observés, par exemple. Pour le cancer de la prostate, il s'agit plutôt de troubles sexuels ou de signes de féminisation. Tous ces effets sont développés dans le chapitre sur les principaux cancers (p. 135).

L'IMMUNOTHÉRAPIE

L'immunothérapie est un traitement plus récent qui stimule les défenses immunitaires de l'organisme afin de lutter contre la tumeur et de la détruire. Le corps ne la reconnaît pas comme un élément étranger, nocif, dont il faut se débarrasser. C'est pour cette raison qu'il la laisse se développer sans réagir. Certaines substances sont capables de stimuler les mécanismes de défense du corps : l'interleukine 2, qui stimule la production des lymphocytes (globules blancs capables de détruire la tumeur), et l'interféron, qui est produit lorsque nous subissons une agression, comme une infection virale, par exemple.

Interleukine 2 et interféron sont des substances sécrétées normalement par l'organisme, que l'on sait désormais reproduire en laboratoire. L'interféron est utilisé dans le traitement de certains cancers du rein ou cancers de des ganglions (les lymphomes) ou encore pour des leucémies. L'interleukine 2 est prescrite dans certains cancers du rein et des lymphomes.

Ils peuvent être associés tous les deux ou avec de la chimiothérapie en ce qui concerne l'interféron.

QUELS SONT LES EFFETS INDÉSIRABLES DE L'IMMUNO-THÉRAPIE ?

L'interféron provoque parfois une sécheresse de la peau et des muqueuses, mais le plus souvent il provoque un syndrome « pseudogrippal », qui se traduit par des symptômes similaires à ceux de la grippe : fièvre, courbatures, fatigue…

L'interleukine 2 peut entraîner de la fièvre, des troubles digestifs, une rétention d'eau, mais aussi des modifications du caractère.

LES « THÉRAPIES CELLULAIRES COMPLÉMENTAIRES »

Les thérapies cellulaires consistent à utiliser des cellules comme base de traitement. Actuellement, il s'agit principalement de greffes de moelle osseuse, ou de greffes de « cellules souches » – des bébés cellules capables de se transformer en cellules adultes spécialisées. Dans le premier cas, on apporte des cellules saines pour corriger le déficit en globules rouges et blancs ou en plaquettes. Dans le deuxième cas, on prélève des cellules jeunes dans le sang du malade en rémission, on les congèle et on les lui réinjecte quand il en a besoin.

La thérapie cellulaire est surtout utile dans le traitement des leucémies ou des lymphomes, et les techniques sont détaillées dans le chapitre correspondant.

LE TRAITEMENT CIBLÉ

Le traitement ciblé agit sur un des nombreux mécanismes grâce auxquels les cellules cancéreuses se multiplient. Les chercheurs sont parvenus à individualiser et à identifier ces mécanismes et, en bloquant l'un d'entre eux, on empêche la tumeur de se développer. De tels traitements sont déjà utilisés pour certains cancers du sein ou certains lymphomes. Pour soigner le cancer colorectal, on commence à utiliser un autre procédé, empêchant la vascularisation de la tumeur : privée de l'apport de sang, celle-ci ne peut plus se développer.

D'autres traitements ciblés sont à l'étude et également prometteurs.

LES MÉDECINES DOUCES

Les médecines douces, parallèles ou encore alternatives font beaucoup parler d'elles de nos jours. Sont-elles efficaces ? Ont-elles une place dans la prise en charge médicale d'un cancer ? Il est vrai que les patients souffrant de cette maladie sont particulièrement attirés par ces méthodes moins agressives et moins effrayantes qu'une chimiothérapie ou une radiothérapie. Une des raisons souvent invoquées pour expliquer le recours à ces médecines est qu'elles atténuent les effets secondaires des traitements classiques. Mais les patients qui se tournent vers les médecines douces trouvent aussi auprès de ceux qui les pratiquent une écoute parfois plus attentive, un temps moins compté qu'auprès d'une équipe médicale souvent débordée. C'est précieux pendant les moments de doute, les angoisses inhérentes à une épreuve telle que le cancer, cela devrait être une évidence dans les services de cancérologie mais cela fait hélas défaut dans certains cas. Une pirouette sémantique peut aider à placer les médecines douces – par opposition à l'agressivité des traitements –, et les médecines parallèles qui se pratiquent en complément, comme intéressantes pour améliorer la qualité de vie et sans danger. Mais attention, aucune médecine parallèle ne saurait se substituer aux traitements classiques !

ATTENTION !

Toute médecine alternative est potentiellement dangereuse si elle a pour vocation de se substituer aux autres traitements et donc de diminuer les chances de guérison.

QUELLES SONT LES DIFFÉRENTS TYPES DE « MÉDECINES DOUCES » ?

Il est difficile d'être exhaustif car les médecines douces sont très nombreuses et très variées.

Les plus fréquemment utilisées sont sans doute l'homéopathie, l'acupuncture et les techniques de relaxation. Ces dernières regroupent aussi bien les massages, la sophrologie, le yoga et autres pratiques qui relèvent à la fois du sport et de la méditation.

La naturopathie est une autre alternative, elle trouve dans la nature les moyens d'améliorer la santé, prévenir des maladies ou soulager certains maux. Il s'agit entre autres de la phytothérapie, qui utilise les plantes sous forme de tisanes et de décoctions, ou encore de l'aromathérapie, qui fait appel aux huiles essentielles.

On peut aussi avoir recours à des cures de vitamines, à certains régimes alimentaires, ainsi qu'à de nombreux « médicaments » comme la mélatonine, le cartilage de requin ou autres produits « miracles » dont la composition est tenue secrète. Ils sont en vente à l'étranger ou sur Internet – il est donc facile de se les procurer –, mais potentiellement dangereux. Les magnétiseurs, eux, utilisent leurs mains ou un pendule pour « déplacer les douleurs », visualiser les zones malades, etc.

Toutes ces « médecines » proposent très souvent des principes efficaces, faciles à supporter, donc très tentants… mais la vigilance et la prudence doivent rester de mise !

LES MÉDECINES DOUCES SONT-ELLES EFFICACES ?

Si les médecines non allopathiques sont très séduisantes, il faut toujours garder à l'esprit qu'elles restent des méthodes dont l'efficacité n'a pas été prouvée. Les médicaments allopathiques font l'objet d'évaluations très précises et contraignantes, de procédures strictes qui ont pour but principal d'assurer la sécurité des patients qui vont les prendre. Et, malgré ces précautions draconiennes, certaines substances surprennent encore, en révélant des effets secondaires parfois graves une fois qu'elles ont obtenu l'autorisation d'être utilisées. On peut donc comprendre le scepticisme des médecins face à des techniques qui n'ont subi aucun contrôle ou dont les effets bénéfiques ne sont pas incontestables. C'est le cas de l'homéopathie, pourtant enseignée en faculté de médecine et pratiquée par des médecins. La plupart des études effectuées montrent que son action ne dépasse pas celle de l'effet placebo. Et pourtant, nombreux sont ceux qui y ont recours et pour lesquels ça marche ! Si l'homéopathie ne peut pas guérir, elle peut parfois soulager les effets secondaires de la chimiothérapie et surtout apporter plus de confort aux patients, ce qui est somme toute essentiel. Des recherches sont d'ailleurs menées sur les avantages de son association avec les traitements classiques du cancer.

L'acupuncture, elle, utilise des principes de médecine chinoise, grâce à des aiguilles plantées à des endroits très précis, sur les « méridiens ». Elle est intéressante dans le traitement de la douleur. Quant aux techniques de relaxation, elles ont le mérite de s'attaquer au stress et à la fatigue et d'apporter un soutien important. Les autres techniques, y compris la phytothérapie (et même si certains traitements anticancéreux en sont issus), n'ont pas démontré leur intérêt.

LES MÉDECINES DOUCES PEUVENT-ELLES ÊTRE DANGEREUSES ?

L'homéopathie, l'acupuncture, les techniques de relaxation sont intéressantes en complément des traitements allopathiques, tant qu'elles n'ont pas pour objectif de soigner la maladie cancéreuse. Leur utilisation est souvent cachée au médecin, dont on redoute les réactions ironiques ou indifférentes, parfois à juste titre, il faut l'avouer ! C'est regrettable car le médecin allopathe pourrait, sans fustiger ces traitements, alerter le patient sur les dangers de l'interruption du traitement classique. De plus, certaines techniques ou certains produits sont réellement dangereux pour la santé. Les régimes alimentaires font courir le risque de carences, parfois de mort lorsqu'ils sont drastiques et constituent l'unique traitement (un cas a encore été observé en France en 1997). Les produits médicamenteux, comme la DHEA ou la méthode Beljanski, s'achètent souvent par correspondance ou à l'étranger et il est difficile, voire impossible, d'en connaître la composition exacte et de garantir la sécurité de celui qui les consomme.

Les plantes peuvent aussi être dangereuses : il faut vraiment s'y connaître avant de préparer ses décoctions. Certaines tisanes ont été retirées du marché pour avoir provoqué des insuffisances du fonctionnement des reins ! Il faut également se méfier des dérives associées à certaines techniques de relaxation ou approches spirituelles, qui vont de la « simple » culpabilisation quand on accuse son excès de stress d'avoir déclenché un cancer à de véritables embrigadements dans des sectes. Cette mise en garde peut sembler excessive mais certains individus, même médecins, n'hésitent pas à profiter de la vulnérabilité provoquée par la maladie.

ATTENTION !

Ne JAMAIS arrêter le traitement anticancéreux sans l'avis de votre cancérologue !

LES AUTRES QUESTIONS LIÉES AUX TRAITEMENTS

QUE SE PASSE-T-IL SI L'ON ARRÊTE COMPLÈTEMENT UN TRAITEMENT ANTICANCÉREUX ?

L'éventualité d'arrêter son traitement peut être envisagée lorsque les effets secondaires sont trop lourds, que l'on se sent à bout… Trop pénible, trop contraignant : l'épuisement, ou parfois la dépression, peuvent rendre cet arrêt tentant. On est trop fatigué physiquement et psychologiquement pour croire que la situation est temporaire et que bientôt, ça ira mieux.

Il faut garder à l'esprit que les effets indésirables sont une sorte de « passage obligé », qui valent le coup d'être surmontés, comparés à ce que risque de provoquer l'absence de traitement et l'évolution de la maladie cancéreuse. La tumeur grossit plus ou moins rapidement, provoquant de ce fait de nouveaux symptômes en comprimant d'autres organes et en se développant ailleurs dans le corps. Les traitements sont là pour guérir la maladie la plupart du temps, parfois pour ralentir cette évolution et améliorer le confort du patient.

L'espoir représente le seul moyen de vivre en acceptant les difficultés que cette épreuve impose. Certes, c'est beaucoup plus facile à dire qu'à faire… Mais, se battre contre le cancer, c'est déjà commencer à aller mieux. Alors, bien sûr, les moments de doute, les envies de « tout laisser tomber » peuvent survenir mais elles ne doivent pas s'imposer et perdurer. Parler de ses incertitudes à propos de l'efficacité des traitements, de la nécessité de subir toutes ces contraintes, aide à se débarrasser de ce poids handicapant et à croire à nouveau à la nécessité d'être traité.

QU'EST-CE QU'UN TRAITEMENT PALLIATIF ?

Un traitement palliatif est un traitement de dernier recours, qui correspond aux soins que l'on donne à un patient lorsque toutes les techniques visant à stopper l'évolution de la maladie, à la guérir, ont été épuisées et se sont révélées inefficaces. La médecine se trouve mise en échec, c'est un moment particulièrement difficile, très dur à accepter pour le malade. C'est hélas la dernière méthode employée par le cancérologue lorsqu'il est confronté à cette phase que l'on qualifie de « terminale ».

À ce stade, il faut se contenter d'apporter la meilleure qualité de vie possible en traitant la douleur – aussi bien physique que morale – et en subvenant aux besoins essentiels du corps. C'est pour cette raison que l'on parle également de « soins de confort », confort à la fois physique et psychologique. Les priorités en ce qui concerne le premier plan sont de soulager la douleur, de traiter les manifestations de la maladie ou les effets secondaires des traitements. Pour la détresse morale, le dialogue avec le patient est primordial. Il nécessite une grande capacité d'écoute. L'accompagnement n'est pas facile et demande des qualités humaines particulières et rares. Certains professionnels de santé, médecins, infirmiers ou psychologues, travaillent uniquement dans les soins palliatifs. Ils prennent en charge le patient au sein d'une unité spécialisée de soins palliatifs ou à domicile pour plus de confort.

QUEL EST LE RETENTISSEMENT DES TRAITEMENTS SUR LA FERTILITÉ CHEZ LES FEMMES ?

La chimiothérapie risque de diminuer la fertilité, parfois même de provoquer une stérilité, mais ce n'est pas systématique. Cette affirmation est à nuancer en fonction du type de médicaments utilisés, certains étant plus agressifs que d'autres. La radiothérapie du petit bassin peut également se révéler dangereuse. C'est pour cette raison que le chirurgien déplace les ovaires, quand c'est nécessaire et possible, dans une zone de l'abdomen hors du champ d'irradiation.

Avant une chimiothérapie ou une radiothérapie, les médecins peuvent proposer des prélèvements d'ovocytes ou une congélation d'embryon. Cette dernière est réalisée quand la patiente vit en couple, avec un partenaire stable. Après une stimulation hormonale pour préparer les ovaires, on prélève dans ces ovaires une dizaine d'ovocytes (d'ovules) et on réalise une fécondation in vitro, dans une éprouvette, avec le sperme du conjoint. Les embryons obtenus sont ensuite congelés et seront réimplantés dans l'utérus lorsqu'une grossesse sera envisagée. Ces techniques sont très bien maîtrisées dans les centres d'assistance médicale à la procréation et ont un succès de 10 à 25 % selon les cas. Il faut bien sûr que l'utérus soit fonctionnel. Le prélèvement d'ovocytes peut aussi être fait lorsque la patiente n'a pas de relation de couple stable, mais les résultats sont plus aléatoires.

En ce qui concerne la chirurgie, on conseille d'attendre un délai de deux ans pour une grossesse, après un cancer du sein. Le traitement (par une technique appelée « conisation ») du cancer du col de l'utérus n'a pas d'impact sur la fécondité, et, dans le cadre d'un cancer de l'ovaire, si la chirurgie a permis de garder l'autre ovaire, il reste possible d'être enceinte, même après une chimiothérapie.

QUEL EST LE RETENTISSEMENT CHEZ LES HOMMES ?

Comme pour les femmes, le risque de diminution de la fertilité existe mais n'est pas systématique. La chirurgie du cancer du testicule diminue la fertilité si l'on retire un testicule, mais elle est compensée par l'autre testicule s'il fonctionne correctement. La chimiothérapie a les mêmes conséquences sur les spermatozoïdes que sur les ovules, tout dépend du type de produit utilisé. Pour avoir un enfant après les traitements, on utilise les mêmes techniques que pour une femme. Le sperme est prélevé et congelé. Il est utilisé ensuite lorsqu'il y a un désir d'enfant. Les résultats dépendent de la qualité du sperme, qui est parfois altéré même avant le traitement. Autre possibilité : la congélation d'embryon si le patient vit une relation de couple stable.

LES TRAITEMENTS ANTICANCÉREUX ALTÈRENT-ILS LA SEXUALITÉ ?

Certaines opérations chirurgicales peuvent perturber la sexualité en rendant l'acte sexuel impossible ou difficile. Mais c'est moins fréquent qu'on ne le croit : par exemple, l'opération de l'utérus et des ovaires n'a pas d'incidence sur la vie sexuelle. Chez l'homme, la chirurgie de la prostate ou la radiothérapie peuvent léser les nerfs qui interviennent dans l'érection. Un cancer du sein en soi n'a pas de retentissement direct mais l'image du corps change et cela peut avoir un impact chez la patiente, qui a du mal à accepter un sein en moins, par exemple, ou une cicatrice. Certains hommes ont parfois des difficultés également à regarder, caresser des zones qui ne ressemblent plus à celles qu'elles étaient avant. L'hormonothérapie diminue souvent le désir, étape essentielle de la sexualité.

La chimiothérapie et la radiothérapie n'ont pas d'effet direct sur la sexualité, ce sont plutôt les circonstances qui diminuent la libido et perturbent la vie de couple.

COMMENT SE PASSENT LES CONSULTATIONS PENDANT LE TRAITEMENT ?

Pendant le traitement, des consultations régulières ont lieu avec les différents spécialistes : l'oncologue est l'interlocuteur privilégié, notamment en ce qui concerne la chimiothérapie et tous ses effets indésirables. Il sait répondre aux questions un peu inquiétantes sur la durée de ces symptômes, le moyen de les atténuer...

Le chirurgien est également revu après l'opération (c'est le moment de lui poser des questions si ce qui a été fait pendant l'opération n'a pas été clairement compris, s'il y a des effets secondaires, etc.). Le radiothérapeute sera consulté régulièrement : toutes les semaines au cours de la radiothérapie. Garder un lien avec son médecin traitant est aussi essentiel pour tout ce qui a trait à la vie quotidienne, pour répondre aux questions que l'on se pose entre deux consultations chez le spécialiste, notamment sur la prise d'autres médicaments (y compris ceux des médecines douces).

COMMENT VIVRE LE MIEUX POSSIBLE SES TRAITEMENTS ?

La première étape pour vivre au mieux la période des traitements est aussi la plus difficile : il faut accepter cette nouvelle situation, sa fragilité et vivre en s'adaptant à de nouvelles contraintes. Au départ, cela semble insurmontable mais il va falloir respecter les limites de son corps, ne pas aller au-delà et reporter à plus tard les activités les plus fatigantes. Accepter cette période de vulnérabilité ne relève pas du renoncement, mais de la sagesse. Ne pas s'épuiser inutilement, se faire aider, respecter les dégoûts alimentaires, tous les changements de goût, de caractère sont des conseils simples mais importants.

POURQUOI UN SUIVI MÉDICAL EST-IL NÉCESSAIRE APRÈS L'ARRÊT DES TRAITEMENTS ?

Après l'arrêt des traitements, une surveillance s'impose, pour vérifier que la maladie cancéreuse ne recommence pas.

La vie est alors rythmée par ces bilans plus ou moins rapprochés, le rythme dépendant surtout du type de cancer. Ces consultations comportent un examen clinique par le cancérologue ou un autre spécialiste, souvent des examens complémentaires (des prises de sang pour voir s'il y a des marqueurs tumoraux, substances produites par le cancer, ou des examens d'imagerie, comme un scanner, une IRM). Ce suivi sert aussi à gérer l'après-opération : la reconstruction pour un cancer du sein ou après le retrait d'un cancer de la peau, par exemple.

Les effets secondaires tardifs, les séquelles sont aussi abordés et pris en charge à ce moment-là.

Cette surveillance est souvent angoissante mais elle est très importante pour dépister rapidement une récidive ou tout simplement pour parler des difficultés rencontrées lors de la reprise d'une vie normale : les troubles du sommeil, de l'appétit, du poids, la fatigue mais aussi les difficultés d'ordre relationnel. Ces problèmes sont très fréquents et il ne faut pas hésiter à les aborder avec le médecin.

Entre deux consultations de suivi, si un nouveau symptôme apparaît, il faut consulter son médecin traitant qui s'occupera de ce souci et vous orientera si besoin vers le cancérologue plus rapidement que prévu.

COMMENT ÉVALUE-T-ON L'EFFICACITÉ D'UN MÉDICAMENT ?

La cancérologie est un domaine où la recherche est très active et productive. De nouvelles substances sont régulièrement découvertes et mises au point mais avant d'être prescrites par les médecins, elles doivent traverser un véritable parcours du combattant. De nombreux tests sont réalisés pour étudier le médicament et ce n'est qu'après avoir démontré son efficacité que celui-ci pourra être utilisé. Ces tests commencent d'abord en laboratoire : on évalue la toxicité du médicament et l'on vérifie que celui-ci est suffisamment prometteur avant de se lancer dans son évaluation. Le produit est ensuite testé sur des animaux, des souris ou des rats le plus souvent. Les essais sur les animaux provoquent souvent des interrogations et il faut reconnaître que de graves abus ont eu lieu dans ce domaine. Mais ces expérimentations sont désormais encadrées de manière très stricte, pour épargner d'inutiles souffrances à l'animal. Ces tests prennent parfois des années et de nombreuses substances ne passent pas cette première étape, ce qui évite de mettre en danger la santé des patients. Si le médicament remplit tous les critères, si sa toxicité est acceptable et que son intérêt soit confirmé, il doit ensuite être étudié chez l'homme. C'est le but d'un essai clinique, également appelé « essai thérapeutique », qui se déroule selon des procédures internationales garantissant la sécurité des patients et la qualité de l'évaluation.

Comment se passe un essai clinique ?

Un essai clinique doit déterminer les bénéfices d'un nouveau médicament par rapport à des traitements qui existent déjà, et étudier avec plus de précision les risques qu'il peut faire courir à l'homme. L'essai clinique se déroule selon quatre grandes phases. La phase 1 évalue la bonne tolérance du médicament, ainsi que la dose maximale que l'on peut administrer sans danger. En cancérologie, la phase 1 d'un essai clinique a une particularité : elle ne se fait pas sur des adultes sains, mais sur des malades volontaires, pour lesquels les autres traitements ne sont pas efficaces.

La phase 2, qui sert à déterminer les bénéfices et les effets indésirables du médicament, est aussi réalisée chez des malades atteints de cancer, avec leur consentement et en plus grand nombre. Si le produit remplit les conditions nécessaires, il passe en phase 3 : son efficacité est comparée à celle des autres traitements habituellement utilisés. Cette phase de comparaison est extrêmement importante, elle doit répondre à des critères objectifs et très stricts. Les essais sont donc « randomisés » : le traitement que reçoit le patient est tiré au sort (*random* signifie « hasard » en anglais) et ce patient ne sait pas quel traitement il reçoit (le traitement standard ou celui en cours d'évaluation), de sorte que son jugement n'est pas influencé. Le patient est bien sûr averti de ce déroulement avant d'accepter ou non de participer à l'essai.

Si l'efficacité du médicament est prouvée, le traitement peut alors être prescrit. Son évaluation n'est pas terminée pour autant car la phase 4 correspond à la surveillance de tous les effets indésirables qui pourraient lui être imputés.

JE NE VEUX PAS SERVIR DE COBAYE !

On peut en effet avoir l'impression d'être un cobaye lorsque l'on participe à un essai clinique. Mais il faut savoir que les patients sont très bien protégés grâce à la loi Huriet-Sérusclat, qui encadre le déroulement de l'essai, et garantit la sécurité de tous ceux qui s'y prêtent. Le nouveau médicament ou traitement doit avoir prouvé au préalable les bénéfices qu'il était susceptible d'apporter. Cela est validé par un comité d'éthique, le Comité consultatif de protection des personnes se prêtant à la recherche biomédicale, ou CCPPRB.

Par ailleurs, les patients sont suivis très régulièrement par des experts et l'essai peut être interrompu à n'importe quelle étape si le moindre doute sur le produit apparaît. La loi Huriet-Sérusclat rend obligatoire le recueil du consentement écrit du patient, après qu'il a été clairement et totalement informé du déroulement de l'essai, de ses objectifs, des effets indésirables et des risques possibles. Un patient ne peut pas être inclus dans un essai sans le savoir, les médecins encourent dans ce cas-là de graves sanctions. Il a le droit de refuser de participer à un essai, ou de l'arrêter quand il le souhaite. Autres mesures de protection : les données recueillies pour les besoins de l'essai sont confidentielles, les résultats sont à disposition du patient et des indemnités sont versées si le médicament provoque des dommages. La loi Huriet-Sérusclat met tout en œuvre pour que les patients puissent participer sereinement à un essai clinique, en ayant la certitude de recevoir des soins de qualité ainsi qu'une information loyale et compréhensible. Il choisit en conséquence de faire partie ou non de l'essai.

Les essais cliniques sont-ils ouverts à tous les patients ?

Le plus souvent, c'est le médecin qui propose à un patient de participer à un essai clinique, ou ce sont des encarts dans la presse qui attirent l'attention. Mais il faut savoir qu'un essai évalue un traitement bien spécifique, dans une situation bien particulière. Un protocole très strict est donc rédigé et appliqué à l'essai pour qu'il puisse répondre à l'objectif fixé. Les malades doivent remplir un certain nombre de critères, appelés « critères d'inclusion », pour participer à l'essai. Il peut s'agir de l'âge, de l'état de santé, de l'existence d'antécédents médicaux particuliers, du type de cancer, de son stade…

Tout le monde ne peut donc pas participer à un essai puisqu'il faut correspondre à un profil particulier. Ces restrictions sont souvent source de déception lorsque l'on se voit refuser l'accès à un nouveau traitement, un nouvel espoir. Mais elles sont aussi la garantie de la bonne évaluation des médicaments et de la qualité des essais cliniques.

CONCLUSION : DES TRAITEMENTS
DE QUALITÉ ACCESSIBLES À TOUS

En matière de cancer, la France est dotée d'un système de soins très performant, grâce à des équipes spécialisées de haut niveau, à des moyens techniques conséquents, à un échange de connaissances internationales.

Il persiste encore une certaine disparité dans la qualité des soins : certaines régions se dépeuplent progressivement en médecins, en structures hospitalières, ce qui peut provoquer des défaillances dans le diagnostic et la prise en charge précoce de la maladie. Dans certains milieux défavorisés, le dépistage reste difficile à mettre en pratique.

De gros efforts sont réalisés pour améliorer ces défaillances et offrir à tout le monde une égalité de soins.

CHAPITRE V
LES PRINCIPAUX CANCERS

L e cancer existe depuis toujours, aussi bien chez les hommes que chez les animaux. Mais aujourd'hui, nos sociétés sont particulièrement touchées par le cancer, ou plutôt les cancers. Chacun d'entre eux mériterait un livre entier. Il est, hélas, impossible de les approfondir tous et ce chapitre est consacré aux cancers les plus fréquents en France, avec des explications plus en détail des cancers propres aux femmes, aux hommes et de quelques autres…

LE CANCER DU SEIN

COMBIEN DE VICTIMES DU CANCER DU SEIN ?

Plus d'une femme sur 10 souffrira d'un cancer du sein au cours de sa vie ! C'est en effet le cancer le plus fréquent chez les femmes, avec près de 50 000 cas par an. Heureusement, les progrès réalisés, aussi bien dans le dépistage que dans le traitement de cette maladie, teintent d'optimisme ce nombre effrayant. La plupart des femmes concernées peuvent ainsi espérer guérir en conservant leur féminité grâce à une chirurgie moins agressive qu'autrefois. Ce cancer est rare avant 30 ans, il est le plus fréquent entre 45 et 75 ans mais de plus en plus de femmes âgées en sont atteintes. La moitié des patientes ont plus de 70 ans.

QUELS EN SONT LES SIGNES ?

Le plus souvent, le diagnostic se fait de manière fortuite, lors d'un examen de dépistage par mammographie. Mais une petite boule dans le sein ou dans l'aisselle, sentie à la palpation, doit éveiller l'attention. Un changement récent de la symétrie des seins, un sein qui se rétracte, un mamelon qui saigne sont aussi des symptômes qui doivent alerter. Tout comme l'apparition d'une douleur ou une modification de la peau du sein, qui devient rouge ou gonflée... Inspecter ses seins régulièrement et avoir un suivi gynécologique tous les ans sont donc des réflexes essentiels.

QUELLE EST LA CAUSE DU CANCER DU SEIN ?

Le cancer du sein répond aux mêmes règles que tous les cancers, à des mutations de gènes. Mais il existe d'autres facteurs qui favorisent l'apparition de ce cancer, sans que l'on sache avec exactitude pourquoi : la période qui entoure la ménopause, le fait de ne pas avoir eu d'enfant ou d'avoir eu une première grossesse tardive après 35 ans... Le mode de vie occidental pourrait aussi influencer la survenue de la maladie, par l'intermédiaire de l'alimentation, de l'obésité, des hormones. En revanche, la taille des seins ne joue aucun rôle.

COMMENT FAIT-ON LE DIAGNOSTIC ?

L'autopalpation peut faire suspecter un cancer chez les femmes qui la pratiquent dans les différentes positions (assise, debout, couchée), comme le médecin a dû le montrer. Une consultation permet alors de confirmer la présence

---

CANCER DU SEIN ET HÉRÉDITÉ, QUEL EST LE RISQUE ?

Entre 5 et 8 % des cancers du sein sont d'origine « familiale », avec des gènes qui augmentent le risque (on connaît deux des gènes en cause et les mutations qu'ils subissent sont appelées BRCA-1 et BRCA-2). On peut dans certains cas dépister les femmes qui portent ces gènes. Mais ces cancers familiaux restent rares et on estime que le risque est présent quand au moins trois personnes de la même branche parentale sont atteintes du cancer du sein.

---

d'une anomalie. Mais le plus souvent le diagnostic est fait lors d'une mammographie ou parce qu'un signe a inquiété. En cas de lésion, une ponction-biopsie est effectuée sous anesthésie locale, pour faire un prélèvement et déterminer au microscope s'il s'agit bien d'un cancer. Un bilan complet (radiographie des poumons, scintigraphie, échographie de l'abdomen et du bassin, prise de sang, scanner) est ensuite réalisé pour évaluer le cancer et son extension.

QU'EST-CE QU'UNE MACROBIOPSIE ?

La macrobiopsie reprend le même principe que la ponction ou la biopsie : prélever des cellules pour les examiner au microscope. Mais dans ce cas, on prélève une plus grande quantité de tissu pour obtenir une analyse plus précise et ainsi éviter une intervention si la tumeur est bénigne. Cette technique est utilisée pour les petites anomalies, que l'on ne sent pas et qui sont repérées à la mammographie. Elle est effectuée sous anesthésie locale. Ajoutons que la biopsie d'une zone suspecte en mammographie peut se faire sous contrôle échographique ou radiographique.

QUELS SONT LES DIFFÉRENTS TRAITEMENTS DU CANCER DU SEIN ?

L'oncologue, le chirurgien, le radiothérapeute, le chimio-thérapeute décident, une fois le bilan complet effectué, du choix du traitement, ou des traitements en cas d'association. Il y a plusieurs possibilités : l'opération pour enlever la tumeur, éventuellement les ganglions ; la chimiothérapie, réalisée avant l'intervention pour diminuer la taille du cancer et faciliter le travail du chirurgien, ou alors après l'intervention pour compléter le traitement et s'assurer que toutes les cellules cancéreuses ont été retirées. La radiothérapie complète elle aussi le traitement chirurgical, quand seule la tumeur a été retirée ; l'hormonothérapie est réservée à certains cancers, sensibles aux hormones (elle bloque leur action).

QUAND COMMENCER LA PRISE EN CHARGE ?

Le traitement doit être commencé le plus tôt possible, entre 2 et 4 semaines après le diagnostic, mais tout dépend du temps nécessaire pour bien analyser le cancer, déterminer son extension et choisir le traitement le plus adapté. Il vaut mieux affiner le diagnostic et prendre un jour ou deux de retard, plutôt que de précipiter la prise en charge.

Qu'est-ce que la chirurgie « conservatrice » du sein ?

Le chirurgien peut choisir de ne retirer que la tumeur et les tissus qui sont très proches lorsque la tumeur est de petite taille. C'est une « tumorectomie ». Il faut aussi que le sein puisse être remodelé de façon harmonieuse. Cette opération réalisée sous anesthésie générale est simple, rapide, et nécessite seulement quelques jours d'arrêt de travail. On parle de chirurgie conservatrice car le sein malade est conservé, les cellules cancéreuses en moins. Pendant l'intervention, un ou plusieurs ganglions sont retirés également, pour être analysés. On vérifie ainsi si le cancer a eu le temps, ou pas, de se disséminer. Le résultat aide à choisir les traitements complémentaires. Une douleur au niveau du sein opéré et du bras du même côté est possible mais est en général peu intense et soulagée par les médicaments. Elle est plus forte lorsque des ganglions ont été prélevés dans le creux de l'aisselle. Dans ce cas, des douleurs, en « décharges électriques », arrivent souvent dans les semaines qui suivent. La cicatrice est discrète et le sein est parfois un peu gonflé ou bleu-violet à cause des ecchymoses. Attention à ne pas appliquer de produits sans avis médical, ils peuvent gêner la cicatrisation ou la radiothérapie.

Qu'appelle-t-on « mastectomie » ?

La mastectomie est le nom médical de l'ablation complète du sein. Elle est réalisée d'emblée ou après une tumorectomie si celle-ci n'a pas été assez large et qu'il reste des cellules cancéreuses ou si la tumeur s'est aussi développée à un endroit différent du premier. L'ensemble du sein, composé de glandes mammaires, est retiré, ainsi que le mamelon, l'aréole, les ganglions du sein et de l'aisselle. La cicatrice est horizontale ou en travers de la zone qui a été opérée, elle est définitive au bout de quelques semaines. Elle peut avoir un aspect très rouge et il faut compter 6 à 18 mois avant qu'il y ait une amélioration. Il est possible de compenser le « vide » laissé par l'ablation grâce à une prothèse mammaire externe posée au bout de quelques semaines après l'intervention, ou grâce à la chirurgie de reconstruction mammaire.

QUELLES SONT LES COMPLICATIONS DE LA TUMORECTOMIE ET DE LA MASTECTOMIE ?

Deux problèmes principaux peuvent apparaître dans les suites d'une tumorectomie. L'articulation de l'épaule peut se raidir suite à une périarthrite (une inflammation de l'articulation) : un traitement médical et des séances de kinésithérapie améliorent cette raideur… Le curage des ganglions de l'aisselle présente aussi un risque : le liquide lymphatique peut former une poche parfois douloureuse, sous la peau, au niveau du bras. Elle peut nécessiter des ponctions pour évacuer le liquide.

La mastectomie, elle, prive une femme d'un organe associé à la féminité, à la sexualité, à la maternité. Le choc brutal de l'annonce d'un cancer est alors associé à la terreur de perdre un sein, avec tout le retentissement psychologique que cela peut impliquer. L'espoir de la reconstruction, grâce à la chirurgie plastique lorsque celle-ci est désirée, peut soulager en partie cette douleur psychologique.

Ce n'est pas facile d'accepter un nouveau corps lorsque l'on a été habituée toute sa vie à la symétrie de ses deux seins. À la suite de l'ablation du sein, comme nous l'avons dit, une prothèse mammaire externe permet de retrouver une silhouette harmonieuse et de rééquilibrer le dos, notamment si le volume des seins est assez important. Elle est utilisable quelques semaines après l'opération, sur prescription médicale.

La reconstruction mammaire, pour sa part, fait appel à la chirurgie.

QUELS SONT LES TYPES DE PROTHÈSE MAMMAIRE EXTERNE ?

La prothèse mammaire externe est souvent une étape importante dans le retour de la confiance, de la féminité, de la sexualité. Elle est élastique comme le tissu naturel et adaptée à la forme et au volume de l'autre sein. Il y a deux types de prothèses mammaires externes : non solidaire, à porter dans la poche d'un soutien-gorge, ou solidaire, de contact, qui adhère à la peau. Cette dernière nécessite des soins particuliers pour la peau, et d'autres pour entretenir la prothèse. Le complément mammaire, lui, est intéressant, en cas de chirurgie partielle du sein, pour compléter la partie de sein qui a été retirée. Il est important de se faire aider dans son choix par un spécialiste et de faire des essayages afin de trouver la prothèse qui convient le mieux. À ne pas oublier : une lingerie et des maillots de bain adaptés, indispensables pour un résultat pleinement satisfaisant ! Les prothèses coûtent de 70 (somme prise en charge par l'assurance-maladie) à 250 euros. La prothèse Contact, de type solidaire, est désormais remboursée jusqu'à 160 euros, le prix limite de vente.

QUAND PEUT-ON BÉNÉFICIER D'UNE RECONSTRUCTION MAMMAIRE ?

La reconstruction a l'avantage de restaurer un sein, même si celui-ci restera toujours différent, ne serait-ce qu'à cause des cicatrices. Elle est proposée après une chirurgie conservatrice si le sein est plus petit que l'autre ou s'il a une forme différente, en sachant que c'est le sein opposé qui est opéré afin de lui donner les mêmes caractéristiques que celles du sein opéré.

Après une mastectomie, la reconstruction se fait d'emblée s'il y a peu (voire pas) de traitement complémentaire par chimiothérapie ou radiothérapie, ou plusieurs mois après l'arrêt de ces traitements lorsqu'ils sont importants. Ceux-ci fragilisent en effet les tissus, il faut donc attendre pour évaluer la qualité de ces tissus, avant de choisir la méthode la plus adaptée. La reconstruction mammaire peut aussi avoir lieu plusieurs années après l'intervention si le désir s'en fait sentir à ce moment-là.

La reconstruction se passe en plusieurs étapes : le volume du sein est d'abord reformé grâce à une prothèse interne ou à partir d'un « lambeau » de peau, de graisse et de muscle, provenant surtout du dos. Le sein opposé est ensuite retouché pour être bien symétrique. Enfin, l'aréole et le mamelon sont recréés. Pour une reconstruction mammaire, il faut toujours deux à trois interventions, en laissant un intervalle de trois à six mois, entre chacune d'elles.

La reconstruction mammaire, quand elle fait suite à un cancer du sein, est prise en charge à 100 % par la Sécurité sociale.

La prothèse mammaire interne est constituée d'une enveloppe de silicone qui est gonflée par du sérum physiologique ou emplie par du gel de silicone. Les prothèses gonflables au sérum physiologique ont des inconvénients connus : dégonflement (il faut alors changer la prothèse), aspect figé du sein, mais le volume peut être augmenté en ajoutant du sérum au cours d'une nouvelle intervention. Les prothèses emplies de gel de silicone ont l'avantage d'être plus solides, plus souples et d'avoir des formes variables, donc mieux adaptées à la forme du sein non opéré. Mais elles ont un volume fixe et il y a un petit risque de fuites.

Il existe aussi des prothèses « expandeurs ». Elles contiennent un mélange de gel et de sérum et ont l'avantage d'adapter en douceur la peau au changement de volume, grâce à un réservoir situé sous la prothèse. Mais les séances de gonflage sont douloureuses, le coût est élevé et les inconvénients du gel et du sérum se cumulent. La prothèse expandeur est souvent remplacée par une prothèse définitive.

La technique de reconstruction mammaire avec prothèse est simple, rapide. L'hospitalisation est courte et les douleurs moins importantes qu'avec la chirurgie. Huit fois sur dix, il faut opérer l'autre sein pour harmoniser la poitrine. Quant aux complications, il s'agit surtout du dégonflement, d'un déplacement de la prothèse, de douleur ou de la formation d'une « coque » fibreuse autour de la prothèse (c'est une réaction de l'organisme contre la prothèse, elle nécessite souvent une nouvelle intervention car l'aspect du sein finit par être altéré).

COMMENT CHOISIR LE TYPE DE RECONSTRUCTION ?

Le choix de la technique est du ressort du chirurgien. Tout dépend du physique de la personne et de l'état de la peau du sein, qui peut avoir été abîmée par les rayons.

S'il n'y a pas beaucoup de traitements complémentaires après la chirurgie, toutes les techniques de reconstruction sont possibles. L'état des tissus au niveau du sein, la possibilité de faire des prélèvements dans le dos ou le ventre, mais aussi l'état de santé entrent en compte pour cette décision, que la patiente prend conjointement avec le chirurgien.

QUELS RÉSULTATS ESPÉRER ?

Les résultats sont variables, on peut trouver sa poitrine très jolie comme on peut aussi être déçue par le résultat final. Tout dépend de l'idée que l'on s'était faite de la poitrine après la reconstruction, mais aussi de la qualité des tissus après la radiothérapie, de la technique choisie, du chirurgien et de son habitude à réaliser ce type d'intervention, etc.

Avant de se décider pour une reconstruction, il faut bien mesurer les conséquences qu'elle comporte : à nouveau des interventions, donc de nouvelles cicatrices à cause du lambeau (dans le dos ou sur le ventre), la diminution de la sensibilité, etc.

RECONSTRUCTION : OUI, À CONDITION D'EN AVOIR VRAIMENT ENVIE

La reconstruction n'a rien d'obligatoire ! Elle doit répondre avant tout à un désir personnel et à un besoin important. Avantages et inconvénients doivent être pesés et il faut être réaliste dans ses attentes. Il est impossible de retrouver la poitrine que l'on avait avant le cancer, tout comme une poitrine parfaite. Mais l'avantage principal est de poids : la reconstruction, qu'elle utilise les lambeaux ou une prothèse, redonne une image de son corps plus symétrique, plus harmonieuse. C'est une décision très personnelle, à prendre en s'étant donné le temps d'y réfléchir à tête reposée.

QU'EST-CE QU'UN CURAGE AXILLAIRE ?

Au cours de l'opération, il est nécessaire d'enlever les ganglions lymphatiques qui drainent le sein pour voir si le cancer s'est étendu. Ce geste diminue aussi le risque de récidive. Les principaux ganglions sont situés dans l'aisselle mais leur retrait n'est pas un geste anodin. Il peut entraîner des complications, notamment le « syndrome du gros bras » (voir p. 146). Pour éviter cela, il existe une nouvelle technique, surtout pour les petites tumeurs : le chirurgien retire et analyse le premier ganglion (dit sentinelle) pour voir s'il contient des cellules cancéreuses. Si c'est le cas, il faut enlever tous les ganglions – c'est un « curage axillaire ». Or le curage entraîne des douleurs importantes et parfois étendues jusqu'à l'avant-bras et au dos.

Quelles sont les complications possibles ?

Le risque lymphatique a été évoqué. Mais il n'est pas le seul. Les suites de l'opération quand il y a eu un curage axillaire sont marquées par des difficultés à bouger l'épaule et le bras du côté opéré. Toute cette région est pesante, douloureuse, limitée dans ses mouvements. Certaines zones deviennent insensibles, d'autres au contraire hypersensibles. Les douleurs et la raideur diminuent avec le temps mais il faut essayer de limiter l'utilisation de son bras. En attendant, des exercices simples permettent de retrouver rapidement de l'aisance. Les séances de kinésithérapie, réalisées pendant les deux à trois mois qui suivent l'intervention, permettent d'améliorer la mobilité de l'épaule puis de la récupérer totalement. Elles diminuent aussi les douleurs.

Qu'est-ce que le « syndrome du gros bras » ?

Le curage axillaire, ou la radiothérapie au niveau du sein et des ganglions à proximité, perturbent la circulation lymphatique car bon nombre des ganglions ont été retirés ou détruits (lors du curage, on enlève 10 à 15 ganglions sur les 20 à 50 présents dans l'aisselle). La lymphe s'accumule petit à petit, d'abord sous la forme d'un petit gonflement, puis le bras enfle et devient très douloureux. Il faut consulter tout de suite pour éviter plus de complications, sinon la lymphe va finir par ne plus circuler du tout. Au bout d'un an et demi environ, le fameux « lymphœdème » est là, le bras durcit.

Quelles sont les solutions contre le syndrome du gros bras, ou lymphœdème ?

Le principe de prise en charge est similaire à celui des jambes lourdes et gonflées par une mauvaise circulation. Une contention est réalisée à l'aide de bandages ou d'un manchon sur mesure. Idéalement (et malgré l'aspect pas forcément esthétique), il faut les porter toute la journée, notamment au début. Un kinésithérapeute habitué à ce genre de pratique (surtout renseignez-vous bien) réalise des drainages lymphatiques pour stimuler la circulation de la lymphe. Les médicaments n'ont pas prouvé leur efficacité. Les plantes à action drainante sous forme de compléments alimentaires soulagent parfois, comme le marron d'Inde ou la vigne rouge – à prendre en accord avec son médecin, toujours !

Le traitement est d'autant plus efficace qu'il est commencé tôt et réalisé avec régularité.

CONSEILS PRATIQUES
CONTRE LE SYNDROME DU GROS BRAS

Les risques de lymphœdème peuvent être limités grâce à certaines précautions pendant les années qui suivent l'intervention. Celles-ci consistent simplement à ménager le bras du côté du sein qui a été opéré ! Il ne faut pas faire d'effort avec ce bras, éviter la chaleur qui dilate les vaisseaux, ainsi que les petites lésions genre piqûres ou plaies au cours du jardinage ou du bricolage (pour ces activités, il est impératif de porter des gants). Lors des examens médicaux, la prise de tension artérielle, les prises de sang ou les injections doivent être effectuées sur l'autre bras. Les douleurs dans l'épaule peuvent être soulagées par des séances douces de kinésithérapie.

QUELLES SONT LES SPÉCIFICITÉS DE LA CHIMIOTHÉRAPIE DANS LE CANCER DU SEIN ?

La chimiothérapie est de plus en plus utilisée avant la chirurgie pour diminuer la taille de grosses tumeurs et permettre ainsi à la patiente de garder son sein, grâce à une chirurgie conservatrice, souvent complétée par de la radiothérapie. Et 6 fois sur 10, ça marche !

Le protocole – les modalités d'administration de la chimiothérapie – utilise plusieurs médicaments donnés par voie orale ou par perfusion. Les plus anciens sont les anthracyclines ;

ils sont maintenant associés à des taxanes, qui diminuent le risque de récidive mais aident aussi à mieux supporter le traitement. Aujourd'hui il y en a de nouveaux qui ont été testés, leur efficacité est prouvée, et les médecins suivent les protocoles établis.

POURQUOI ET OÙ FAIT-ON LA RADIOTHÉRAPIE ?

La radiothérapie détruit les cellules qui se divisent rapidement, donc les cellules cancéreuses. Elle traite les tout petits foyers qui existent à une certaine distance de la tumeur principale et que ni le chirurgien, ni les examens ne peuvent détecter. Ces foyers sont responsables de récidives locales, au niveau du sein. La radiothérapie est donc systématique après une tumorectomie, lorsqu'on n'enlève que la tumeur et même si le chirurgien prévoit une large marge de sécurité tout autour de la zone cancéreuse. Ce traitement complémentaire est effectué sur une zone carrée qui englobe la totalité du sein, ainsi qu'au niveau des ganglions de l'aisselle, de la clavicule, de la base du cou et du sternum. Après une mastectomie, la radiothérapie est moins fréquente puisque tout le sein a été retiré mais elle est pratiquée si la tumeur était très grosse, si elle était dans la partie la plus interne du sein (la plus proche du milieu du thorax) ou s'il y avait beaucoup de ganglions touchés dans l'aisselle. Les endroits irradiés dépendent donc de ces critères.

Plus rarement, la radiothérapie est faite avant la chirurgie pour diminuer la taille du cancer. Ou elle peut être l'unique traitement lorsque l'état de santé n'est pas assez bon pour supporter une opération ou si la zone à retirer est trop étendue.

UN RISQUE DE RÉCIDIVE TRÈS ABAISSÉ GRÂCE À LA RADIOTHÉRAPIE

Si l'on ne fait pas de radiothérapie en complément de la chirurgie, le risque de récidive au niveau du sein est de 50 %. En cas de chirurgie conservatrice, la radiothérapie divise par 5 ce risque !

QUELS SONT LES EFFETS SECONDAIRES DE LA CHIMIO-THÉRAPIE ET DE LA RADIOTHÉRAPIE DU CANCER DU SEIN ?

Comme nous l'avons brièvement indiqué au chapitre IV, la chimiothérapie provoque une chute des globules blancs et des globules rouges dans le sang, d'où un risque d'infection et d'hémorragie. Nausées et vomissements sont fréquents ainsi que la perte des cheveux. Cette dernière est particulièrement difficile à vivre, d'autant que le cancer s'attaque au sein, l'organe symbole de la féminité et de la sensualité. Elle peut être diminuée par le port d'un casque réfrigéré pendant les séances courtes. Les cheveux repoussent en général rapidement après l'arrêt de la chimiothérapie, mais avec une texture souvent changée. Les autres effets indésirables comme la fatigue disparaissent en principe à l'arrêt du traitement.

La radiothérapie provoque au bout de trois à quatre semaines de traitement une rougeur. Il est recommandé de se laver au savon de Marseille, de n'utiliser que des produits conseillés par le radiothérapeute, d'éviter le port de soutien-gorge et de porter des vêtements amples en coton. La peau peut aussi légèrement se pigmenter, sans que cela soit grave et même si cette coloration persiste longtemps après l'arrêt

NOUVEAUTÉ DANS LE TRAITEMENT DU CANCER DU SEIN, LE TRAITEMENT CIBLÉ

Dans un peu moins de 20 % des cas, le cancer du sein est sensible à ce que l'on appelle un « traitement ciblé ». Celui-ci utilise, en complément de la chimiothérapie, un médicament appelé « Herceptin ». On fait appel à lui lorsque la tumeur possède une certaine protéine appelée « Her2 ».

L'Herceptin va détruire de manière ciblée cette protéine mais aussi la tumeur. Il diminue ainsi le risque de récidive. L'immunothérapie est utilisée dans un peu moins de 20 % des cas. Couplé à la chimiothérapie, ce traitement assure la guérison chez 9 patientes sur 10 !

du traitement. De petits vaisseaux dilatés surviennent parfois plus tardivement.

Au bout de quatre semaines aussi, une difficulté à avaler, appelée « dysphagie », peut apparaître, elle s'explique par un gonflement de l'œsophage qui a reçu quelques rayons. Il est conseillé de fragmenter ses repas et de manger tiède ou froid.

Plus tardivement, la radiothérapie peut rendre la peau moins souple et le sein traité, s'il est conservé, devient plus ferme que l'autre. Elle provoque parfois des dégâts plus en profondeur, en réalisant des sortes de « brûlures » du tube digestif, notamment de l'œsophage.

Aujourd'hui, les radiothérapies sont de plus en plus ciblées, les effets secondaires diminuent donc. Reste que ce traitement fatigue, ce qui est souvent ignoré par le patient.

Pour les effets secondaires de la chimiothérapie et de la radiothérapie, et la façon d'y remédier, se reporter au chapitre IV.

COMMENT SE PASSE L'HORMONOTHÉRAPIE ?

Le cancer du sein est souvent stimulé par les hormones féminines, les œstrogènes et la progestérone, qui favorisent la croissance des cellules cancéreuses. Il existe plusieurs méthodes pour éviter cette stimulation. La première utilise un médicament anti-œstrogènes qui bloque les récepteurs des œstrogènes ; ces hormones ne peuvent plus se fixer sur les cellules, ni stimuler leur croissance. Deuxième possibilité : l'inhibiteur de l'aromatase, un autre médicament qui diminue la production des œstrogènes. Cet anti-aromatase n'est actif et efficace que chez les femmes ménopausées. Il est utilisé directement après la chirurgie ou à la suite d'un traitement de 2 ou 3 ans par anti-œstrogènes. Ce traitement est en effet plus efficace et mieux supporté que les anti-œstrogènes… Pour les femmes non ménopausées, hier on faisait des castrations chirurgicales. Aujourd'hui, on supprime la sécrétion des œstrogènes avec des médicaments.

Quels sont les effets indésirables de l'hormonothérapie ?

Les médicaments de l'hormonothérapie sont eux aussi responsables d'effets gênants. L'anti-œstrogène entraîne parfois une sécheresse vaginale, des bouffées de chaleur le plus souvent transitoires. Très rarement, il peut provoquer une phlébite, il faut donc être vigilante et prendre des précautions en cas de longs voyages ou d'intervention chirurgicale, des situations qui majorent le risque de phlébite. L'anti-œstrogène augmente légèrement le risque de cancer de l'utérus, une surveillance gynécologique s'impose donc tous les ans et il est impératif de consulter en cas de pertes de sang en dehors des règles. La durée de prescription est donc limitée à 5 ans, et elle peut être interrompue plus tôt avec un relais par anti-aromatase. Les inhibiteurs de l'aromatase ont eux aussi quelques effets secondaires mais ils sont moins prononcés que l'anti-œstrogène. Ils peuvent provoquer des douleurs dans les articulations ou dans les muscles et bien sûr, des bouffées de chaleur.

LES BÉNÉFICES DE L'HORMONOTHÉRAPIE

L'hormonothérapie diminue le risque de récidive localement au niveau du même sein, et aussi de l'autre sein. Elle peut agir, en association avec d'autres traitements, sur les métastases. Et lorsqu'elle est utilisée avant la chirurgie, elle diminue la taille de la tumeur.

Les effets indésirables de l'anti-œstrogène sont nettement compensés par leur efficacité et le fait qu'il protège de l'ostéoporose et de certaines maladies cardio-vasculaires. Un petit bémol pour l'anti-aromatase qui n'a pas cet effet protecteur contre l'ostéoporose…

PEUT-ON REPRENDRE UNE ACTIVITÉ SPORTIVE ?

Les sports peuvent tout à fait être repris après un cancer du sein. Avec quelques réserves toutefois ! Il faut éviter de faire trop travailler le bras du côté opéré, l'haltérophilie ou les barres parallèles et fixes sont interdites car trop violentes. Danse, tennis, natation doivent être pratiqués avec modération.

PEUT-ON REPRENDRE SON TRAVAIL ?

La décision de reprise du travail se prend en collaboration avec le médecin du travail, il faut bien sûr que l'état de santé le permette ! L'idéal est de choisir un mi-temps thérapeutique afin d'avoir la possibilité de se reposer. Le mi-temps permet aussi de reprendre en douceur.

Les activités professionnelles qui nécessitent une intense utilisation du bras ne sont pas conseillées. Un reclassement professionnel peut alors être envisagé pour trouver un poste plus adapté.

LA PILULE CONTRACEPTIVE ET LE TRAITEMENT HORMONAL SUBSTITUTIF SONT-ILS DANGEREUX APRÈS UN CANCER DU SEIN ?

À cause des liens entre le cancer du sein et les hormones féminines, la pilule contraceptive et le traitement hormonal substitutif sont contre-indiqués car ils augmentent le risque de récidive. Par prudence, il vaut mieux adopter la même attitude avec les phyto-œstrogènes à base de soja.

LE CANCER DE LA THYROÏDE

La thyroïde est un petit organe en forme de papillon, situé à la base du cou. Cette glande produit les hormones thyroïdiennes qui régulent de nombreuses fonctions du corps

(les battements cardiaques, la température du corps, le transit).
Le cancer de la thyroïde n'est pas un cancer fréquent (environ 6 700 personnes sont touchées chaque année). Il touche deux à trois fois plus de femmes que d'hommes, les femmes étant plus soumises que les hommes aux phénomènes hormonaux. Son « augmentation » ces trente dernières années est en fait attribuée aux progrès réalisés dans le dépistage de ce cancer. Même si certains scientifiques s'interrogent sur le rôle de l'accident nucléaire de Tchernobyl, les études ne prouvent pas qu'il ait eu un retentissement en France. Des cancers de la thyroïde ont été observés après une radiothérapie, des retombées nucléaires à la suite d'un essai, ou chez les enfants exposés à une certaine quantité de rayons après Tchernobyl. Le cancer peut être découvert à la suite de troubles dus au dérèglement de la thyroïde : constipation ou diarrhée, prise de poids ou amaigrissement, fatigue voire dépression. Le diagnostic peut aussi être évoqué devant un nodule senti à la base du cou. Ou encore au cours d'une échographie ou d'une opération de la thyroïde pour une autre raison. Une ponction du nodule permet de confirmer le diagnostic et il faut ensuite subir une opération chirurgicale pour retirer une partie ou la totalité de la thyroïde. Un curage ganglionnaire est parfois nécessaire. La chirurgie est complétée par un traitement à l'iode radioactif. Le but : détruire d'éventuelles cellules cancéreuses restantes ou des métastases.

QUELLES SONT LES SUITES D'UN CANCER DE LA THYROÏDE ?

La thyroïde n'étant plus capable de produire assez d'hormones, il faut prendre des médicaments à base d'hormones thyroïdiennes à vie. Le risque de métastases concerne surtout les ganglions du cou, c'est fréquent mais le plus souvent sans gravité si elles ne récidivent pas.

Neuf fois sur dix, la guérison est obtenue, si ce cancer est détecté et opéré avant 40 ans. La surveillance doit se faire tous les trois ans.

LE CANCER DE L'OVAIRE

Le cancer de l'ovaire touche le plus souvent les femmes de plus de 45 ans. Dans les cas de formes génétiques, il peut survenir plus tôt. La localisation des ovaires rend difficile le dépistage précoce de ce cancer, on le découvre souvent lorsqu'il est déjà avancé. De plus les signes qu'il provoque sont souvent négligés ou mis sur le compte de l'âge : troubles urinaires avec des envies fréquentes d'uriner, pesanteur dans le bas-ventre, gonflement ou douleurs… doivent inquiéter s'ils durent plus d'un mois ou s'ils s'aggravent. La consultation permet alors d'anticiper le diagnostic de cancer si c'est le cas : examen gynécologique, prise de sang, avec dosage d'un marqueur. L'échographie peut montrer une anomalie, mais seule la biopsie affirme avec certitude le diagnostic. Si le cancer est confirmé, il faut opérer. Le chirurgien expérimenté dans ce domaine réalisera un geste large : il enlèvera les deux ovaires, l'utérus, les ganglions. En général, une chimiothérapie complète cette opération.

CANCER ET GROSSESSE

QUE SE PASSE-T-IL SI UN CANCER SURVIENT PENDANT LA GROSSESSE ?

La survenue d'un cancer pendant la grossesse est très délicate car il faut traiter une maladie qui met en jeu la vie de la maman, en sachant que ces traitements utilisés sont souvent risqués pour le fœtus. Une interruption de grossesse doit parfois être envisagée si le stade de la grossesse se situe avant le début du troisième mois. Dans tous les cas, le dialogue avec le cancérologue est essentiel et les avis de la patiente et de son conjoint sont écoutés. En plus de l'âge de la patiente, les caractéristiques de la maladie (l'organe touché – souvent le sein ou le col de l'utérus –, la taille et l'évolution du cancer…) et l'urgence du traitement sont les autres paramètres qui entrent en compte dans le choix de la prise en charge.

La chirurgie est privilégiée chaque fois que c'est possible car elle est quasiment toujours réalisable, sans nocivité pour le fœtus. La radiothérapie, en revanche, provoque des malformations graves et n'est retenue qu'en cas d'extrême nécessité et si elle est possible. Toutes les précautions sont prises pour que le fœtus ne reçoive pas de rayons. L'irradiation de l'abdomen et du bas-ventre est à proscrire et une interruption de grossesse est inévitable si la grossesse survient pendant une radiothérapie. La chimiothérapie, quelle qu'elle soit, est interdite pendant les trois premiers mois (ceux où tous les organes du fœtus se forment). Après, le risque de malformation est très faible, celui d'une fausse couche est faible, la croissance du fœtus est parfois un peu retardée mais la chimiothérapie est bien tolérée le plus souvent. Les traitements hormonaux sont interdits et tout autre médicament (contre les vomissements, les douleurs) ne doit être pris qu'après avis médical.

PEUT-ON ÊTRE ENCEINTE APRÈS UN CANCER ?

Fort heureusement, oui. Il est toutefois recommandé d'attendre deux ans après l'arrêt des traitements pour débuter une grossesse. En effet, la chimiothérapie est susceptible de favoriser le risque d'accouchement prématuré et celui de malformations chez le bébé, si la grossesse a lieu peu de temps après l'arrêt du traitement, entre 12 et 18 mois. L'hormonothérapie, quant à elle, bloque les règles. Il faut parfois beaucoup de temps pour retrouver une ovulation normale.

Comme nous l'avons vu dans le chapitre sur les divers traitements, la radiothérapie au niveau du bassin risque de provoquer une stérilité ; quand elle est indispensable chez une femme jeune, les ovaires sont déplacés par chirurgie dans l'abdomen afin de les protéger.

Le cas des cancers de l'utérus ou des ovaires est plus compliqué, les traitements utilisent la chirurgie et la radiothérapie et ils suppriment la possibilité d'une grossesse. Parfois, la chirurgie peut être minimaliste et laisser une partie de l'utérus nécessaire pour mener à bien une grossesse. Celle-ci se fait alors grâce à un don d'ovocytes si les ovaires ont été retirés. Mais cela concerne une minorité de patientes. Les chercheurs étudient actuellement la possibilité de prélever et congeler un ovaire sain pour pouvoir le réimplanter après les traitements, et donc de permettre une grossesse. Mais cela reste du domaine expérimental.

L'ALLAITEMENT EST-IL POSSIBLE APRÈS UN CANCER ?

L'allaitement est tout à fait autorisé lorsque l'on a eu un cancer avant sa grossesse, si l'on ne prend pas de médicaments. Seule exception : le cancer du sein, où certains optent par mesure de précaution pour une interdiction de l'allaitement avec le sein non opéré.

COMMENT RESTER FÉMININE PENDANT SA MALADIE ?

Difficile de se sentir belle lorsque l'on a mal, que l'on est fatiguée, meurtrie par les traitements... Eh bien, c'est pourtant le défi que relèvent désormais de nombreuses esthéticiennes ou associations ! Elles aident les patientes à rester féminines ou à retrouver leur féminité grâce à des cours de maquillage pour gommer les cernes et les traits tirés, pour redessiner les sourcils. Cela se passe sous forme d'ateliers où les patientes se retrouvent sans chichis. Elles peuvent enlever leur perruque en toute confiance, sans crainte des regards extérieurs, et partager leurs expériences si elles le souhaitent. Les esthéticiennes leur offrent aussi la possibilité de se relaxer grâce à des massages, de la réflexologie plantaire, des soins du visage, des épilations. La petite chirurgie esthétique peut même venir au secours des visages creusés à l'aide d'injections de produits qui redonnent du volume.

Ces petits riens sont en fait essentiels et indispensables pour vivre le mieux possible sa maladie, faire du bien à son corps et à son moral... et être avant tout une femme, plus seulement une patiente !

Ce genre de démarche est de plus en plus présente et des instituts de beauté sont même installés dans une douzaine de centres hospitaliers. Tous ces soins se font bien sûr en accord avec l'équipe soignante.

Si le sein, les ovaires, l'utérus sont les cibles féminines du cancer, même si le cancer du sein existe chez l'homme, les cancers de la prostate et des testicules sont évidemment un apanage masculin.

Les cancers de la prostate sont responsables de plus de 9 000 décès par an en France et leur nombre est estimé aux alentours de 60 000. Ce cancer survient surtout chez les plus de 50 ans. Et c'est le cancer le plus fréquent chez l'homme de plus de 75 ans. Un dépistage par toucher rectal doit être réalisé annuellement afin d'augmenter les chances de guérison et de diminuer la mortalité de ce cancer, qui pourrait être dépisté tôt, à défaut d'être évité.

Le cancer du testicule est rare : il y a 2 000 patients touchés chaque année environ mais sa fréquence augmente dans les pays développés, peut-être pour des raisons liées à l'environnement, sans que l'on puisse vraiment les identifier. Ce cancer a une particularité : le taux de guérison avoisine les 100 % lorsque la détection est précoce. Heureusement, car il survient chez des hommes jeunes, dès la puberté et en général avant 45 ans.

LE CANCER DE LA PROSTATE

QUELLE EST LA DIFFÉRENCE ENTRE UN ADÉNOME ET UN CANCER DE LA PROSTATE ?

La prostate est une glande qui participe à la constitution du sperme en produisant une partie du liquide spermatique, dans lequel évoluent les spermatozoïdes, produits par les testicules.

La prostate est située à la sortie de la vessie, en avant du rectum. Elle entoure l'urètre, le canal qui sort de la vessie et évacue l'urine. Cette localisation explique les troubles urinaires que l'on ressent si la prostate augmente de volume à cause d'une tumeur. Cette tumeur peut être bénigne, donc non cancéreuse, c'est alors un adénome, aussi appelé « hypertrophie bénigne de la prostate ». C'est très fréquent après 50 ans puisque près de la moitié des hommes en sont atteints ! L'adénome ne provoque pas forcément de difficultés urinaires mais s'il devient trop gênant, il est d'abord traité par médicaments ou retiré par chirurgie. Le cancer de la prostate, lui, est une tumeur maligne, avec tous les risques que cela comporte : extension aux organes proches, passage des cellules cancéreuses dans les ganglions, métastases…

CANCER DE LA PROSTATE, UN DÉPISTAGE EXISTE !

C'est le cancer le plus fréquent chez l'homme dans les pays développés : 543 000 cas chaque année dans le monde. Il est dépisté grâce au toucher rectal, un geste parfois redouté mais qui devrait être pratiqué systématiquement une fois par an. Le médecin introduit son index, muni d'un doigtier lubrifié, dans l'anus et il peut ainsi palper la prostate, évaluer sa consistance, détecter une masse anormale. Si c'est le cas, il réalise des examens complémentaires, notamment une prise de sang avec dosage d'une substance appelée PSA (*prostatic specific antigen*, soit antigène prostatique spécifique en français), et une échographie.

COMMENT DÉCOUVRE-T-ON LE CANCER DE LA PROSTATE ?

Le plus souvent, le cancer de la prostate ne provoque aucun trouble. Il peut n'être dépisté que lors d'un examen systématique, grâce au toucher rectal. Le cancer ne déclenche pas forcément de signes urinaires car il peut se développer en périphérie de la prostate, sans comprimer l'urètre. Dans certains cas néanmoins, s'il grossit par exemple, certains signes, même banals, doivent attirer l'attention : difficultés à uriner, fréquence accrue des besoins la nuit notamment, impossibilité complète d'évacuer l'urine (c'est une rétention), douleurs en urinant... Ces symptômes ne sont pas forcément signes de cancer, il peut s'agir d'un simple adénome. Plus rarement, le cancer est découvert à cause de douleurs dans le dos, qui sont en fait provoquées par des métastases osseuses. Le médecin commence par faire les examens de base : le toucher rectal et une prise de sang pour doser le PSA, une substance fabriquée par la prostate et qui reflète son activité. Tous les hommes en ont dans leur sang. On estime qu'il y a une anomalie à partir d'un certain seuil : plus le PSA est élevé, plus le risque de cancer l'est. Ce marqueur tumoral est aussi utilisé pendant le traitement pour évaluer son efficacité (c'est le cas si le taux baisse) et après le traitement pour détecter de manière précoce une récidive (le taux s'élève de nouveau). La mesure du PSA se fait après 48 heures d'abstinence car le taux est parfois influencé par l'activité sexuelle.

COMMENT FAIT-ON LE DIAGNOSTIC DÉFINITIF ?

Si le toucher rectal, le dosage du PSA et l'échographie orientent le médecin vers le diagnostic de cancer, la biopsie reste l'examen-clé pour finaliser ce diagnostic. C'est désagréable et un peu douloureux car il faut prélever des fragments de prostate à travers la paroi du rectum. Une sonde échographique est glissée dans le rectum pour guider le médecin et rechercher les zones suspectes, à prélever. Les prélèvements sont ensuite analysés au microscope et, s'il s'agit d'un cancer, d'autres examens sont effectués pour faire le bilan de la maladie. La biopsie est réalisée sous anesthésie locale en fonction du nombre de prélèvements à effectuer. Un traitement par antibiotiques est pris deux heures avant la biopsie pour limiter le risque d'infection urinaire.

POLÉMIQUE AUTOUR DU PSA

Le dosage du PSA a ses limites car la quantité contenue dans le sang peut être élevée pour d'autres raisons qu'un cancer. Ainsi l'adénome provoque une légère augmentation de ce marqueur, tout comme la prostatite – une infection de la prostate –, qui l'accroît très fortement. Les résultats de cet examen sont donc à analyser par le médecin devant un bilan complet.

QUELS SONT LES DIFFÉRENTS TRAITEMENTS DU CANCER DE LA PROSTATE ?

Le traitement dépend de la taille de la tumeur et de son extension. Un scanner ou une IRM du pelvis des organes contenus dans le pelvis (bassin) évalue si le cancer est localisé à la prostate, s'il a déjà envahi des ganglions ou d'autres organes à proximité de celle-ci. La présence de métastases est aussi recherchée, essentiellement dans les os, par une scintigraphie systématique.

L'agressivité du cancer, qui correspond à la capacité des cellules cancéreuses à se multiplier et à envahir rapidement d'autres organes, est cotée par le score de Gleason, score qui va de 2 à 10 (une tumeur est dite « agressive » à partir de 7). Le taux de PSA aide aussi à évaluer la gravité du cancer : le taux normal étant inférieur à 4 nanogrammes par millilitre (ng/ml), le cancer est de bon pronostic si ce taux est inférieur à 10, nettement moins bon au-dessus de 20, et de pronostic intermédiaire entre ces deux seuils.

Le traitement peut faire appel à l'hormonothérapie, à la chirurgie (c'est une « prostatectomie radicale », on retire la totalité de la prostate), à la radiothérapie externe ou encore à la curiethérapie pour les petites tumeurs, très localisées, avec un PSA inférieur à 10 ou un score de Gleason inférieur à 7. Dans ce cas, on implante à l'intérieur de la prostate une source radioactive sous la forme de grains, de fils… qui irradient la prostate de façon localisée.

Le traitement peut aussi utiliser des ultrasons qui détruisent localement la tumeur en brûlant les tissus. Cette technique est réservée aux petites tumeurs, non agressives, avec un PSA inférieur à 10, mais, comme elle est récente, on manque de recul pour avoir des données fiables sur son efficacité à long terme.

COMMENT AGIT L'HORMONOTHÉRAPIE ?

La prostate est avant tout une glande dont le fonctionnement est influencé par des hormones, la testostérone et ses dérivés, qui sont sécrétées par les testicules. Lorsque le cancer est sensible aux hormones, l'hormonothérapie est utilisée seule (c'est le traitement principal en cas de métastases), après la chirurgie (si les ganglions sont atteints) ou en association avec la radiothérapie, parfois jusqu'à trois ans après le dépistage du cancer.

L'hormonothérapie consiste soit à administrer par voie orale des « antiandrogènes » qui bloquent l'action de la testostérone sur les cellules de la tumeur, soit à faire appel à des médicaments agissant sur la glande qui régit les hormones de tout le corps : l'hypophyse. Ces derniers bloquent l'hormone produite par l'hypophyse qui commande aux testicules de sécréter de la testostérone. C'est ce que l'on appelle une « castration chimique ». Ces médicaments sont implantés sous la peau ou injectés dans les muscles (c'est une injection intramusculaire).

Autre possibilité, qui n'utilise pas de médicaments : le chirurgien peut retirer la partie des testicules qui sécrète la testostérone ou la totalité des testicules.

L'hormonothérapie provoque des effets indésirables variables selon les patients : bouffées de chaleur, gonflement douloureux des seins, nausées, vomissements. Les antiandrogènes diminuent aussi la puissance sexuelle. Quant aux produits qui agissent sur l'hypophyse, ils créent parfois une impuissance, une absence ou une baisse du désir, et à plus long terme une chute du dynamisme.

QUELLES SONT LES DIFFÉRENTES TECHNIQUES DE PROSTATECTOMIE TOTALE ?

Le chirurgien peut utiliser plusieurs techniques pour enlever la prostate mais aussi les vésicules séminales qui lui sont accolées et qui participent à la constitution et au stockage du sperme. Pour cela, il peut faire une ouverture en bas du ventre, opérer, prélever des ganglions et les faire analyser pendant l'opération. Si les ganglions contiennent des cellules cancéreuses, le cancer s'est étendu au-delà de la prostate et la chirurgie ne suffira pas à traiter la maladie.

La prostatectomie peut aussi se faire par cœlioscopie, une technique qui évite l'ouverture du ventre en introduisant de petits tubes dans le corps pour y passer des instruments de petite taille. Cette technique n'est pas toujours proposée car le chirurgien doit avoir l'habitude de la pratiquer.

Autre possibilité, la prostatectomie par voie périnéale. Le chirurgien passe par une incision faite entre l'anus et les testicules, c'est plus confortable pour les patients surtout s'ils sont obèses ou s'ils ont été souvent opérés du ventre. Mais les ganglions ne peuvent pas être prélevés ni analysés, ce qui limite l'utilisation de cette technique.

L'hospitalisation dure entre 5 et 7 jours, une sonde urinaire est nécessaire jusqu'à la cicatrisation des tissus (entre 5 et 10 jours) et plusieurs semaines sont en général nécessaires pour se sentir à nouveau en forme. Le dosage du PSA après l'opération est utile pour vérifier que toute la tumeur a été retirée. Une radiothérapie ou une hormonothérapie peuvent ensuite être effectuées.

Quels sont les inconvénients de la prostatectomie totale ?

La chirurgie peut avoir des retentissements importants, même si les techniques sont désormais bien maîtrisées. Les risques inhérents à toute opération sont la survenue d'hématome, d'infection ou de phlébite (cette dernière est prévenue par des piqûres d'anticoagulants, des médicaments qui fluidifient le sang). Plus spécifiquement, une incontinence urinaire, souvent transitoire, est fréquente juste après l'opération. Le sphincter de la vessie est souvent mis à mal, ce qui se traduit par des fuites urinaires qui peuvent durer de deux semaines à trois mois selon les patients. L'incontinence qui survient la nuit disparaît en général plus rapidement. Mais il faut parfois attendre un an avant que le résultat soit définitif. La rééducation urinaire précoce favorise la reprise d'une continence normale, grâce à des mouvements du périnée destinés à améliorer le contrôle du sphincter. Un traitement par médicaments peut être envisagé une fois que la situation est stable. Si les fuites perdurent et sont importantes, un sphincter artificiel peut être mis en place.

Autres inconvénients majeurs de la chirurgie : les troubles sexuels. Des difficultés d'érection sont fréquentes à la suite de l'opération si les cellules cancéreuses étaient proches des nerfs et des vaisseaux qui contrôlent cette érection. La prostatectomie supprime complètement la possibilité d'éjaculer (car les organes qui produisent la majeure partie du liquide séminal sont retirés) mais n'enlève pas la sensation de plaisir.

Quelles sont les solutions contre les troubles sexuels ?

Des solutions existent et il ne faut pas hésiter à en parler avec son médecin : médicaments en comprimés, injections dans le pénis, pompe à vide sont des moyens de retrouver une érection de qualité. Utilisés très tôt, ils facilitent le retour d'une érection spontanée. La pose d'une prothèse pénienne est aussi possible en dernier recours. De surcroît, lorsque la tumeur est petite, une technique de chirurgie permet de conserver la capacité d'érection dans plus de la moitié des cas, en évitant d'abîmer les nerfs de l'érection. Cette technique est privilégiée pour les patients jeunes, qui ont une activité sexuelle régulière.

La modification de la vie sexuelle est toujours très difficile à vivre et à accepter, encore plus à aborder avec une tierce personne. Les chirurgiens urologues, les psychologues ou les sexologues sont habitués à traiter ces troubles, très fréquents après une prostatectomie. Parler de sa vie sexuelle permet de trouver des solutions et de retrouver une activité sexuelle proche de la normale. Il existe aujourd'hui, notamment grâce aux associations, des groupes de parole qui permettent au malade de s'exprimer librement.

Quel est le suivi après une prostatectomie ?

Le suivi après une prostatectomie radicale repose surtout sur le dosage du PSA. Le PSA est indétectable s'il est inférieur à 0,1 ng/ml (nanogrammes par millilitre), c'est alors un bon signe de guérison. Après une prostatectomie totale, on parle définitivement de guérison si le PSA reste indétectable entre 5 et 7 ans (en fonction du type de cancer) après l'opération. Si le PSA augmente à nouveau, un traitement par radiothérapie externe ou hormonothérapie est envisagé.

COMMENT SE PASSE LA RADIOTHÉRAPIE EXTERNE ET QUELS EN SONT LES INCONVÉNIENTS ?

On sait de mieux en mieux irradier uniquement les zones qui sont cancéreuses (c'est la radiothérapie « conformationnelle », réalisée grâce à un scanner spécial qui permet de visualiser des images en 3 D). Le patient est allongé sur le ventre ou le dos et immobilisé pour que les rayons restent ciblés sur la zone à traiter. L'irradiation dure 1 à 2 minutes mais chaque séance dure 15 à 20 minutes, le temps d'installer le patient et de préparer l'appareil. Il y a en général 35 à 40 séances, à raison d'une par jour, cinq jours par semaine.

Des consultations avec le radiothérapeute permettent de surveiller le bon déroulement des séances et de faire le point sur l'apparition d'effets indésirables.

La radiothérapie externe est bien supportée les deux ou trois premières semaines. Ensuite, elle peut provoquer des inflammations de la vessie et de l'urètre avec des difficultés pour uriner ou des brûlures. Une inflammation du rectum peut se traduire par des envies plus fréquentes, parfois douloureuses, d'aller à la selle, des brûlures au niveau de l'anus, des saignements ou encore des diarrhées. Tous ces effets sont très variables d'un patient à l'autre et disparaissent en quelques semaines. Des bains de siège, l'application de pommades ou de suppositoires, des médicaments peuvent soulager ces troubles. Des séquelles urinaires persistent parfois. La radiothérapie du petit bassin peut avoir un retentissement sur la sexualité, en particulier une impuissance qui apparaît au bout de quelques mois, voire quelques années, chez la moitié des patients. Plusieurs solutions existent pour y remédier : des médicaments, des injections dans le pénis (au niveau des corps caverneux pour provoquer l'érection), en dernier recours une prothèse.

Quel est le suivi après ce type de traitement ?

La surveillance comporte un toucher rectal et le dosage régulier du PSA, tous les six mois au début (son taux diminue progressivement après le traitement, pour atteindre le niveau le plus bas en deux à trois ans). On parle de guérison lorsque le taux reste bas en permanence. Attention, une élévation du PSA ne signifie pas forcément qu'il y a une rechute puisqu'il peut être élevé pour d'autres raisons. Il faut réaliser des examens complémentaires.

COMMENT SE DÉROULE LA CURIETHÉRAPIE ?

La curiethérapie s'adresse à tous les patients dont la tumeur est petite et limitée à la prostate mais il existe quelques cas où elle n'est pas possible : problèmes de mobilité des jambes, difficultés à uriner antérieures au traitement ou certaines interventions chirurgicales (comme pour un adénome de la prostate). La curiethérapie d'un cancer de la prostate utilise le plus souvent des implants permanents d'iode, parfois après une hormonothérapie, et plus rarement des implants temporaires à base d'iridium. La pose des implants – entre 50 et 100 grains radioactifs – se fait sous anesthésie générale, avec le contrôle d'une échographie et grâce à des aiguilles très fines. La durée d'hospitalisation est de deux jours environ et une sonde urinaire est posée pendant un jour ou deux pour évacuer les urines.

Quels sont les inconvénients de la curiethérapie ?

Tout de suite après l'opération, un hématome à l'endroit irradié ou du sang dans les urines sont possibles mais ces phénomènes sont tout à fait transitoires. La sonde urinaire est parfois maintenue plusieurs jours si les urines sont bloquées – c'est une « rétention aiguë » d'urines. Le plus souvent, des difficultés pour uriner apparaissent une à deux semaines après la curiethérapie et restent à leur maximum pendant un mois et demi. Il s'agit de brûlures, d'irritations, d'envies urgentes, de gêne... Elles disparaissent ensuite en quelques semaines ou quelques mois et sont variables selon les patients. Si elles persistent au-delà d'un an, une petite intervention sur les voies urinaires peut être envisagée. Il est possible qu'un grain radioactif soit rejeté dans les urines, qui doivent être passées au tamis les deux premières semaines, afin de le récupérer et le placer dans un récipient spécifique remis par le service de curiethérapie.

Les visiteurs ne sont pas admis pendant l'hospitalisation pour éviter de les exposer à l'irradiation. En cas d'implants permanents, la radioactivité diminue petit à petit. Les enfants et les femmes enceintes doivent prendre des précautions pendant deux mois (par exemple, pour les enfants, ne pas être assis sur les genoux du patient). Les premiers rapports sexuels doivent être protégés, il faut également boire beaucoup pour diminuer le risque d'infection urinaire. Ce traitement peut aussi provoquer une impuissance dans les mois qui suivent mais l'érection reste de qualité chez la plupart des patients, même si la quantité de sperme diminue.

Pour les implants transitoires, il n'y a pas de précautions particulières à suivre. La surveillance est classique, elle comporte un toucher rectal et un dosage régulier du PSA.

QUELLES SONT LES SPÉCIFICITÉS DU TRAITEMENT PAR ULTRASONS ?

Le traitement par ultrasons focalisés de haute intensité est réalisé dans peu de centres, par des équipes spécialisées, car il reste relativement nouveau en France. L'intervention se passe en une séance, sous anesthésie locale. L'urologue traite toute la prostate pendant 1 à 3 heures, en sachant que la partie centrale a souvent été retirée avant. Une sonde est placée pour prévenir les fuites urinaires durant un jour ou deux mais les difficultés persistent le plus souvent pendant deux mois. Les séquelles comme une incontinence urinaire sont rares (chez 1 patient sur 10). L'impuissance dépend beaucoup de l'âge du patient et de la technique. Le PSA est dosé tous les six mois, des biopsies sont effectuées à ce même rythme et une deuxième séance d'ultrasons peut être réalisée si une biopsie révèle des cellules cancéreuses.

COMMENT EST CHOISI LE TRAITEMENT D'UN CANCER DE LA PROSTATE ?

Pour un cancer localisé à la prostate et chez un patient de moins de 70 ans, on opte pour un traitement local par chirurgie ou par radiothérapie. Au-delà de 70 ans, on privilégie la radiothérapie externe ou la curiethérapie. Les ultrasons sont aussi réservés aux plus de 70 ans.

Après 75 ans, tout dépend de la rapidité d'évolution du cancer (donc du score de Gleason) pour traiter ou pour surveiller avec vigilance la tumeur. S'il n'y a pas de métastase, une radiothérapie est le plus souvent associée à l'hormonothérapie pendant plusieurs années. S'il y a des métastases osseuses, que l'on ne peut pas guérir, l'hormonothérapie est utilisée (éventuellement avec une chimiothérapie spéciale, par médicaments appelés « taxanes », si l'hormonothérapie seule ne suffit pas).

LE CANCER DU TESTICULE

COMMENT EST DÉCOUVERT LE CANCER DU TESTICULE ?

Le plus souvent, le patient remarque une boule ou une masse de taille variable, souvent associée à une sensation de tension dans le testicule. Le cancer peut aussi être découvert au cours d'un bilan de stérilité ou à cause d'une masse dans le ventre ou d'un ganglion dans le cou, révélateur d'une métastase. Une échographie est alors réalisée pour vérifier qu'il y a bien une tumeur. L'ablation du testicule constitue le point de départ du traitement et permet l'analyse du cancer. On ne fait pas de biopsie pour ne pas disséminer les cellules cancéreuses.

QUELS SONT LES FACTEURS QUI FAVORISENT LE CANCER DU TESTICULE ?

Il existe des facteurs qui favorisent la survenue d'un cancer à cet endroit, notamment l'absence de descente du testicule à sa bonne place avant l'âge de 6 ans (les testicules sont chez le fœtus dans l'abdomen, ils descendent dans le scrotum peu de temps avant ou après la naissance. Si ce n'est pas le cas, il faut opérer si possible avant 7 ans). Un testicule de très petite taille augmente aussi le risque de cancer, c'est ce que l'on appelle une « atrophie testiculaire ». Elle peut faire suite à une infection par les oreillons, une maladie génétique ou un traumatisme. Le virus du sida favoriserait aussi l'apparition d'un cancer.

QUEL EST LE BILAN RÉALISÉ POUR UN CANCER DU TESTICULE ?

Comme pour tous les cancers, les examens ont pour but d'évaluer l'extension aux organes proches, la dissémination dans le corps et la présence de métastases, grâce à des scanners du thorax, de l'abdomen et du pelvis. Des marqueurs

---

L'AUTOPALPATION DU TESTICULE, UN GESTE À APPRENDRE !

Un testicule, c'est comme un sein pour une femme, ça se surveille ! L'autopalpation du testicule se fait après sa douche ou son bain, lorsque la peau est ramollie. Il faut palper doucement entre son pouce et son index la totalité du testicule, à la recherche d'une petite boule dure.

Ce geste est indispensable car il existe des traitements qui aujourd'hui guérissent quasi systématiquement les malades (voir plus loin), alors qu'il y a trente ans, ce cancer était le plus souvent mortel !

---

tumoraux sont de plus recherchés dans le sang car un certain type de cancers du testicule – les choriocarcinomes – produit des substances particulières : la bêta-HCG et l'alpha-fœtoprotéine. Celles-ci aident les médecins à suivre l'évolution du cancer.

Au terme de ce bilan, on sait si le cancer est resté localisé au testicule ou si les cellules cancéreuses ont eu le temps de se disséminer dans le corps. Le type de cancer a également été étudié au microscope après biopsie et tous ces éléments déterminent les traitements à effectuer.

QUELS SONT LES GRANDS TYPES DE CANCERS DU TESTICULE ?

95 % des cancers du testicule sont composés de deux grands types de cancer avec chacun ses caractéristiques : les

tumeurs dites « séminomateuses », et les tumeurs « embryonnaires » (qui ne sont pas séminomateuses).

Les premières apparaissent entre 35 et 45 ans, restent souvent localisées au testicule, ce qui est de meilleur pronostic. Elles sont traitées par radiothérapie le plus souvent. Les tumeurs « embryonnaires » sont les plus fréquentes (environ 65 % des cancers du testicule), elles surviennent à partir de la puberté et avant 35 ans. Ce type de tumeur s'étend plus souvent au-delà du testicule, les ganglions peuvent être atteints par le cancer. Une chimiothérapie est alors indispensable s'il y a des métastases.

QUELS SONT LES TRAITEMENTS DU CANCER DU TESTICULE ?

L'ablation du testicule, appelée orchidectomie, est indispensable dans tous les cas. Les ganglions de l'abdomen ou du thorax peuvent aussi être retirés s'ils sont atteints par les cellules cancéreuses. Le traitement est également adapté au type du cancer : les tumeurs séminomateuses sont détruites par les rayons, contrairement aux autres tumeurs. Dans ce cas, la radiothérapie est donc effectuée en complément de la chirurgie. Elle a l'avantage d'être également efficace sur les ganglions qui contiennent des cellules cancéreuses. La chimiothérapie peut aussi être utilisée après l'ablation du testicule pour les deux types de tumeur. Elle est systématique s'il y a des métastases (surtout dans le cas des tumeurs non séminomateuses). À la fin de la chimiothérapie, un nouveau bilan est effectué pour voir s'il reste des cellules cancéreuses. Si c'est le cas, le traitement est complété par une autre intervention.

QUEL RETENTISSEMENT A LE CANCER DU TESTICULE SUR LA FERTILITÉ ET LA SEXUALITÉ ?

L'ablation d'un testicule ne rend pas stérile puisque l'autre testicule est laissé. La fertilité est parfois diminuée si une chirurgie complémentaire dans l'abdomen a été nécessaire pour retirer des ganglions. On estime que le traitement du cancer du testicule diminue de 10 à 20 % les capacités de procréer. Cette diminution est surtout liée aux conséquences de la chimiothérapie ou de la radiothérapie qui sont parfois nocives pour les spermatozoïdes. La capacité du testicule restant à produire les spermatozoïdes entre aussi en compte. La sexualité n'est normalement pas altérée par le cancer du testicule et ses traitements. Toutefois, l'acte chirurgical et la radiothérapie peuvent avoir un retentissement sur l'éjaculation.

QUELLE PRÉCAUTION PRENDRE POUR COMPENSER LE RISQUE DE DIMINUTION DE LA FERTILITÉ ?

En ce qui concerne la fertilité, une précaution s'impose avant l'opération du testicule : un prélèvement de sperme. Il est conseillé de consulter au Centre d'études et de conservation du sperme (CECOS), pour que des échantillons de sperme soient prélevés. Ils sont ensuite congelés et conservés pour le cas où le testicule restant ne produirait pas assez de spermatozoïdes.

QUELLES SONT LES CHANCES DE GUÉRISON D'UN CANCER DU TESTICULE ?

Les cancers du testicule évoluent en général vers la guérison. Le pronostic dépend du type de cancer et de sa localisation : pour les séminomes, le taux de guérison est supérieur à 95 %. Pour les tumeurs non séminomateuses, il est de 98 % si le cancer est localisé et de 85 % en cas de métastases. Ces résultats renforcent la nécessité de pratiquer une autopalpation régulière de ses testicules, pour détecter précocement une anomalie.

EN QUOI CONSISTE LA SURVEILLANCE ?

Une fois le traitement fini, la surveillance comporte un scanner et une prise de sang pour faire le dosage des marqueurs. Celle-ci est effectuée trois mois après le traitement puis tous les six mois pendant deux ans. Un bilan annuel est conseillé pendant les huit années qui suivent, ce qui signifie une surveillance régulière durant dix ans.

LE CANCER DU POUMON

QUELLES SONT LES CAUSES DU CANCER DU POUMON ?

Avec plus de 1,2 million de nouveaux cas chaque année dans le monde, les cancers du poumon sont de plus en plus fréquents. En France, on estime que 31 000 personnes sont concernées tous les ans. Plus ce cancer est détecté à un stade précoce, meilleures sont les chances de survie. C'est dire toute l'importance de la prévention car 85 % des cancers du poumon sont provoqués par le tabagisme.

Le cancer du poumon survient le plus souvent chez des personnes qui fument depuis plus de dix ans. Plus on commence tôt à fumer, plus on a de risques de développer un cancer du poumon ; et plus on a fumé de cigarettes, plus le risque est grand. Actuellement, les femmes représentent environ 22 % des patients, cette proportion va être malheureusement à la hausse car les femmes fument de plus en plus depuis les années 1950, tout comme les jeunes filles.

L'exposition au tabagisme, ou tabagisme passif, augmente aussi le risque de cancer du poumon d'environ 30 %, notamment en cas d'exposition répétée dans l'enfance.

D'autres causes favorisent l'apparition d'un cancer du poumon comme l'exposition à des produits toxiques. La pollution atmosphérique pourrait, elle aussi, jouer un rôle.

10 % des cancers du poumon sont d'origine professionnelle, à cause de métiers qui exposent aux substances favorisant ce cancer (amiante ; résine ; nickel, chrome et autres métaux lourds, etc.).

Pourtant, moins de 1 de ces cancers sur 10 est déclaré comme « maladie d'origine professionnelle », contractée à cause des matériaux manipulés sur le lieu de travail. Le risque d'avoir un cancer est d'autant plus grand que le travailleur fume.

QUELS SONT LES PREMIERS SIGNES D'UN CANCER DU POUMON ?

Une toux, des crachats de sang, un essoufflement, des douleurs dans le thorax ou l'épaule sont les premiers signes d'alerte, tout comme une infection pulmonaire, une modification de la voix, un amaigrissement ou une fatigue. Mais les signes comme la toux ou l'essoufflement sont courants chez les fumeurs sans pour autant qu'ils soient malades. On peut aussi se sentir en bonne forme alors qu'un cancer se développe, la durée d'évolution est d'ailleurs très variable : de plusieurs années à quelques semaines pour une forme particulière de cancer du poumon, les cancers « à petites cellules ». Si des symptômes comme cracher du sang ou être atteint d'une infection amènent à consulter rapidement, les signes auxquels sont habitués les fumeurs (la toux, les bronchites récidivantes, l'essoufflement) sont plus trompeurs. Toute aggravation ou persistance inhabituelle de ces symptômes doivent néanmoins inciter à voir un médecin.

COMMENT FAIT-ON LE DIAGNOSTIC D'UN CANCER DU POUMON ?

Pour être certain du diagnostic du cancer du poumon, un premier bilan est prescrit par le médecin consulté. Il comporte d'abord une radiographie des poumons et souvent une fibroscopie, ou endoscopie, l'examen essentiel : sous anesthésie locale, un petit tube muni d'une mini caméra est introduit par la bouche, ou éventuellement le nez, dans la trachée puis dans les bronches. Il permet au médecin d'étudier la paroi des bronches et de faire des prélèvements au niveau des anomalies s'il y en a. L'examen au microscope de cette biopsie détermine ensuite s'il y a des cellules cancéreuses. Toutefois, la fibroscopie ne permet pas de voir les très petites bronches. Elle est parfois complétée par un scanner. Si un cancer est détecté, un bilan plus approfondi est réalisé pour l'étudier et voir s'il est localisé ou plus étendu dans le corps. On recherche la présence de ganglions. Puis les examens communs aux autres cancers évaluent l'extension du cancer : prise de sang, scanner de l'abdomen, du cerveau, scintigraphie des os… Un appareil plus récent, le PET-scan ou tomographie par émission de positons, peut évaluer la présence de très petites tumeurs dans tout le corps à l'exception du cerveau. Mais le nombre d'appareils en France est encore trop faible pour qu'on l'utilise systématiquement.

QUELLES SONT LES DIFFÉRENTES FORMES DE CANCERS DU POUMON ?

En plus d'apprendre si le cancer est localisé ou s'il est étendu à d'autres organes que le poumon, il est intéressant pour les médecins d'en savoir plus sur le type de cancer, c'est-à-dire sur les caractéristiques de ses cellules. C'est l'analyse au microscope qui permet de déterminer s'il s'agit d'un « cancer à petites cellules », lequel représente entre 15 à 20 % des cancers du poumon, ou « non à petites cellules ». Le traitement est en effet différent selon ces deux cas.

QUELS SONT LES TRAITEMENTS POSSIBLES ?

Le choix du traitement est adapté au type de cancer (à petites cellules ou non à petites cellules), ainsi qu'à son extension.

La chirurgie est utilisée lorsque le cancer est bien localisé et que la tumeur peut être retirée en totalité. Les ganglions situés dans le thorax sont également enlevés et analysés (afin de voir si des cellules cancéreuses se sont disséminées dans le corps). L'opération est souvent précédée par des séances de chimiothérapie pour faire « fondre » la tumeur. Mais cette chimiothérapie peut aussi être effectuée après l'intervention pour compléter le traitement. Ce sont surtout les cancers

« non à petites cellules » qui sont opérés, très rarement ceux à petites cellules pour lesquels on préfère la chimiothérapie, parfois en association avec de la radiothérapie. Lorsque la tumeur n'est pas bien localisée ou si elle n'est pas accessible par le chirurgien, le traitement comporte de la chimiothérapie et de la radiothérapie. Et en cas de métastases, on privilégie plutôt la chimiothérapie.

COMMENT SE PASSE L'OPÉRATION D'UN CANCER DU POUMON ?

Réalisée sous anesthésie générale, cette opération consiste à retirer la tumeur et la partie du poumon qui la contient, le « lobe » (le poumon droit est constitué de 3 lobes et le gauche de 2). C'est une « lobectomie ». Si c'est nécessaire, la totalité du poumon est retirée, c'est une « pneumectomie ». La quantité de poumon enlevée ne dépend pas forcément de la gravité du cancer, elle est surtout liée à l'endroit où se trouve ce cancer (par exemple, si la tumeur est au centre, il faut retirer tout le poumon). (Notons qu'il est tout à fait possible de vivre avec un seul poumon !) Un examen est effectué avant l'opération pour calculer la quantité de poumon qui doit être laissée et s'assurer qu'elle est suffisante pour permettre une vie normale. Cet examen qui vérifie les capacités respiratoires est une « exploration fonctionnelle respiratoire » (EFR).

La gêne respiratoire qui est parfois ressentie après l'opération est liée à la quantité de poumon retirée mais surtout aux capacités du poumon restant.

Le chirurgien effectue également un curage ganglionnaire en retirant les ganglions les plus proches, situés dans le thorax. Pour l'opération, il effectue une incision entre deux côtes. La cicatrice est le plus souvent située sur le côté et dans le dos, plus rarement sur le devant du thorax. En aucun cas, les seins ne sont abîmés par l'opération. L'intervention dure de 3 à 4 heures, l'hospitalisation est de 10 jours pour une lobectomie à 2 semaines pour une pneumectomie.

Qu'advient-il après l'opération ?

Un tuyau très fin, introduit dans le nez, aide à respirer en apportant de l'oxygène pendant 4 ou 5 jours. Après une lobectomie, deux drains (tuyaux) sont « branchés » dans le thorax pendant 4 ou 5 jours. L'un aspire les liquides qui s'écoulent après l'opération (le sang et le liquide inflammatoire), l'autre aspire l'air du thorax pour aider le poumon restant à occuper l'espace. Si la totalité du poumon a été retirée, un seul drain équilibre la pression dans le thorax pour éviter que le cœur ne se déplace trop vite vers l'espace laissé par le poumon retiré. Ce drain sera ôté au bout de deux jours, le vide se comble ensuite progressivement.

Les douleurs au niveau de la cicatrice disparaissent en général au bout de quelques semaines. La kinésithérapie est une étape essentielle pour éviter l'accumulation des sécrétions dans les bronches et donc la survenue d'infection. Elle aide à respirer de manière efficace et facilite les mouvements de l'épaule du côté opéré. Elle doit être continuée un mois après la sortie de l'hôpital.

Peut-on reprendre une vie normale après l'opération ?

Il est tout à fait possible de reprendre une vie sociale et une vie professionnelle après une opération du poumon. Les

efforts importants provoqueront sans doute un essoufflement qui, au début, limitera l'activité. Il est possible de le
diminuer progressivement grâce à de l'entraînement. Des
activités d'endurance comme la marche, le jogging, la natation ou le vélo sont plus recommandées que les sports qui
demandent un effort bref et intense. La vie sexuelle peut
être reprise sans risque pour les cicatrices deux semaines
après l'opération, si l'on s'en sent la capacité et l'envie !

Faut-il arrêter de fumer après l'opération ?

Oui, il faut arrêter de fumer ! Même si le sevrage tabagique est parfois vu comme une épreuve supplémentaire à
celle de la maladie, il est indispensable pour plusieurs raisons. Déjà, l'arrêt du tabac avant l'opération permet à celle-
ci de mieux se passer et réduit les risques de complication.

Et surtout, ce sevrage est bénéfique pour l'évolution de la
maladie et pour améliorer ses capacités de respiration.

L'arrêt du tabac diminue aussi les risques d'un deuxième
cancer du poumon ou d'un autre cancer (du larynx, de la
vessie...), ceux d'une autre maladie des poumons (la bron-
chopneumopathie chronique obstructive ou l'emphysème),
de maladies cardio-vasculaires comme l'infarctus ou l'accident vasculaire cérébral. Des aides sont proposées les premiers temps pour compenser le manque physique et/ou
psychologique. Les substituts nicotiniques (patches, gom-
mes, comprimés à sucer...) sont nombreux maintenant, et
n'entraînent pas d'autre dépendance – surtout avec un suivi
médical par un tabacologue. On peut aussi faire appel à un
médicament comme le bupropion, plus connu sous le nom
de Zyban, prescrit uniquement sur ordonnance et avec une
utilisation très surveillée pour éviter des effets indésirables

comme des convulsions, des allergies, des insomnies… Ce médicament est efficace lorsqu'il est bien utilisé.

Des consultations de tabacologie sont proposées dans de nombreux hôpitaux ou par des médecins généralistes. Le suivi personnalisé, a fortiori dans les circonstances difficiles d'une maladie comme le cancer, est une aide précieuse. Certaines personnes arrêtent de fumer d'emblée sous le choc de l'annonce. D'autres se disent que ce n'est plus la peine puisque le cancer est déjà là, pourtant les bénéfices sont nombreux et il est toujours profitable d'arrêter de fumer, quel que soit son âge et même lorsque l'on est malade.

COMMENT SE PASSE LA CHIMIOTHÉRAPIE ?

Le cancer du poumon est sensible à certains médicaments : la chimiothérapie détruit les cellules cancéreuses. Elle peut être administrée avant la chirurgie pour réduire la taille de la tumeur, ou après pour compléter le traitement. La chimiothérapie n'est toutefois pas systématique dans le traitement des cancers du poumon. À l'inverse, dans certains d'entre eux, elle peut être l'unique traitement, comme parfois pour les cancers à petites cellules, si la tumeur n'est pas bien localisée ou accessible, ou encore lorsqu'il y a des métastases. (Pour les détails concernant la chimiothérapie, voir le chapitre IV.)

ET LA RADIOTHÉRAPIE ?

Le déroulement de la radiothérapie est lui aussi plus développé dans le chapitre IV consacré aux traitements. Ce traitement est proposé dans le cas des cancers « non à petites cellules » si la chirurgie n'est pas possible, ou après la chirurgie pour diminuer les risques de rechute, ou encore en association avec la chimiothérapie. Les effets indésirables ne sont pas systématiques et beaucoup de progrès ont été réalisés pour améliorer le confort des patients traités. En plus de la rougeur de la peau du thorax, une toux et une certaine difficulté pour respirer sont possibles, elles disparaissent en quelques semaines, après le traitement. Une œsophagite, l'inflammation de l'œsophage peut apparaître durant une à deux semaines. L'essoufflement, la gêne en avalant sont rares.

QU'EST-CE QUE LE TRAITEMENT PAR LE LASER ?

L'utilisation du laser est réservée à des cas très particuliers si une tumeur bouche la trachée ou une grosse bronche. Un tube est alors introduit et le laser va morceler la tumeur (on dit que le traitement consiste à la « coaguler »). Les fragments détruits sont ensuite aspirés, ce qui améliore la respiration puisque la trachée ou la bronche est dégagée. Cette intervention est réalisée sous anesthésie générale. Après la destruction de la tumeur, une prothèse peut aussi être placée pour éviter que la bronche ne se bouche à nouveau. Cette technique, très spécifique, n'est réalisée que dans des centres spécialisés.

QU'APPELLE-T-ON « CURIETHÉRAPIE ENDOBRONCHIQUE » ?

La curiethérapie endobronchique est une technique qui fait appel à la radioactivité. Son principe reprend celui de toutes les curiethérapies : il consiste à irradier la tumeur grâce à une sonde radioactive. Pendant une fibroscopie bronchique, on introduit une sonde fine dans la bronche où se situe la tumeur. Un produit radioactif, sous la forme de fils ou de bâtons d'iridium radioactif, est alors passé dans la sonde pour détruire la tumeur. Il est ensuite retiré.

Là encore, cette technique ne se fait que dans des centres spécialisés. Elle est réservée aux tumeurs qui sont localisées à une bronche et qui sont accessibles par fibroscopie.

QU'EST-CE QUE LA « PHOTOCHIMIOTHÉRAPIE ENDOBRONCHIQUE » ?

La photochimiothérapie endobronchique est un traitement destiné aux tumeurs de petite taille, accessibles par fibroscopie. Elle se déroule en plusieurs étapes, dont la première consiste à injecter dans les veines un produit radioactif. Ce produit est absorbé par les cellules cancéreuses des poumons. Un rayon laser est ensuite introduit dans les bronches au cours d'une fibroscopie. Il est dirigé sur les cellules cancéreuses et il a pour propriété d'activer le produit radioactif contenu dans les cellules. Celui-ci détruit alors la tumeur. Le principal inconvénient, c'est que la peau reste sensible à la lumière pendant 30 jours, c'est ce que l'on appelle une « photosensibilisation cutanée ». Il faut donc rester chez soi dans une semi-obscurité durant cette période.

LA RESPIRATION EST-ELLE PERTURBÉE PAR LES TRAITEMENTS OU AU COURS DE L'ÉVOLUTION DE LA MALADIE ?

Des difficultés pour respirer peuvent apparaître pendant la prise en charge de la maladie. Elles ne sont pas toutes provoquées par le cancer : une infection respiratoire, une broncho-pneumopathie chronique obstructive – maladie courante chez le fumeur – peuvent en être la cause. L'anxiété favorise également les difficultés respiratoires. En cas d'angoisses importantes, il ne faut pas hésiter à en parler à un membre de l'équipe soignante ou à son médecin traitant. Des médicaments peuvent faciliter la respiration.

Après l'opération, il est souvent nécessaire d'aider le patient à respirer à l'aide d'un tuyau passé dans le nez et relié à une source d'oxygène. C'est ce que l'on appelle « être sous oxygène ».

QUELLE EST LA SURVEILLANCE APRÈS UN CANCER DU POUMON ?

Le plus souvent, les signes de rechute se manifestent dans les deux ans qui suivent le cancer du poumon. Mais ils peuvent très bien survenir beaucoup plus tard, c'est imprévisible.

La surveillance comprend d'abord un examen clinique par le médecin, à la recherche de symptômes comme une fatigue inexpliquée, une perte de poids, une toux, des crachats de sang, un essoufflement anormal, des douleurs dans les os… Il faut signaler à son médecin tout symptôme qui ne disparaît pas rapidement. Celui-ci est peut-être lié à une tout autre cause que le cancer mais, par prudence, il faut s'en assurer. Différents examens peuvent être réalisés : prises de sang, radiographies des poumons, scanners du thorax… Ils sont adaptés à l'état de santé du patient et aux résultats de l'examen du médecin. Le rythme de la surveillance est de 2 à 4 consultations par an les 5 premières années. Si le bilan réalisé révèle des métastases, il existe aujourd'hui des traitements suffisamment efficaces pour prolonger la survie dans de bonnes conditions.

PEUT-ON GUÉRIR DU CANCER DU POUMON ?

Oui, il est possible de guérir d'un cancer du poumon. Les statistiques sont sévères, mais si le cancer est découvert tôt, s'il est sensible aux traitements, la guérison est possible. Et il y a toujours les exceptions qui confirment la règle et défient les statistiques : des patients condamnés à ne vivre que quelques mois mais qui sont toujours là et en bonne santé quinze ans plus tard !

POURQUOI NE PAS DÉPISTER LE CANCER DU POUMON CHEZ LES FUMEURS ?

La question du dépistage chez les fumeurs suscite des interrogations puisque l'on sait que plus le cancer est découvert tôt, plus le patient a de chances de guérir. Mais il est prouvé que les radiographies du poumon ne sont pas assez fiables pour être l'examen de référence du dépistage. De nouvelles techniques sont en cours d'évaluation, comme le scanner. Le principal problème, c'est que le scanner détecte aussi les petits nodules qui sont bénins dans 99 % des cas. Ces nodules nécessitent des examens complémentaires – comme la fibroscopie et la biopsie – mais ces derniers ne sont pas anodins. Il faut donc réussir à mesurer les bénéfices apportés par un dépistage mais aussi les risques encourus. En attendant, répétons-le, les fumeurs doivent être particulièrement attentifs en cas d'apparition de signes comme des crachats de sang, un amaigrissement inexpliqué, une infection ou une douleur dans le thorax, mais aussi en cas d'aggravation de symptômes tels que la toux, l'essoufflement ou une bronchite qui récidive. Ces signes si fréquents chez les fumeurs doivent donc être surveillés avec attention.

QU'EST-CE QU'UN CANCER DE LA PLÈVRE ?

La plèvre est une enveloppe qui entoure et protège les poumons. Elle peut aussi être le siège d'un cancer que l'on appelle « mésothéliome ». C'est un cancer qui reste rare, environ 300 cas par an. L'exposition à l'amiante est la cause la plus fréquente de mésothéliomes (9 cas sur 10 sont provoqués par l'inhalation des fibres d'amiante). Plusieurs traitements sont en cours d'évaluation : chimiothérapie, stimulation des défenses immunitaires…

LE CANCER COLORECTAL

LES CANCERS DU CÔLON ET DU RECTUM SONT-ILS FRÉQUENTS ?

Le côlon et le rectum sont les parties terminales du tube digestif. L'estomac se poursuit par l'intestin grêle puis par le côlon, qui est divisé en plusieurs parties : d'abord le cæcum (là où se situe le célèbre appendice, point de départ de l'appendicite), puis le côlon ascendant droit, le côlon transverse, le côlon descendant – ou gauche – et le sigmoïde. Celui-ci est suivi du rectum qui se termine par l'anus. Le sigmoïde et le rectum sont les sièges les plus fréquents des cancers.

Les cancers du côlon et du rectum, aussi appelés « cancers colorectaux », touchent un peu moins de 38 000 personnes chaque année en France. Ils représentent environ 12 % de la totalité des cancers. Ces cancers restent graves puisqu'ils sont la cause près de 17 000 décès tous les ans mais la mortalité diminue depuis les années 80 grâce aux progrès des traitements et à un diagnostic précoce.

QUELS SONT LES PRINCIPAUX FACTEURS QUI FAVORISENT LE CANCER COLORECTAL ?

L'âge est un facteur important dans la survenue du cancer colorectal, qui touche surtout des personnes âgées de 70 ans et plus. Avant cet âge, l'hérédité et la présence de polypes non traités sont les principaux facteurs de risque. Ce risque augmente si un membre de sa famille a déjà été atteint, a fortiori si deux parents du premier degré – parents, frère ou sœur – le sont. Il est encore majoré si leur cancer est survenu avant 45 ans. Deuxième facteur important : la présence de « polypes adénomateux », des tumeurs bénignes qui résultent de mutations dans les cellules de la paroi du côlon. C'est la première étape du processus de transformation en cellules cancéreuses.

QUELS SONT LES AUTRES FACTEURS ?

Seuls les polypes adénomateux risquent de se transformer en cancer, ce risque étant proportionnel à leur taille (il est faible au-dessous d'un centimètre, ce qui est la taille de 90 % des polypes). On estime que le délai pour qu'un polype adénomateux se transforme en cancer est d'environ neuf ans, d'où l'intérêt de les faire enlever.

Certaines maladies favorisent également le cancer colorectal, ce sont des maladies dites « inflammatoires », la maladie de Crohn et la recto-colite hémorragique, surtout si elles sont présentes depuis plus de dix ans.

Le rôle de l'alimentation est de plus en plus connu : les régimes riches en protéines, notamment en viandes rouges, et en graisses – surtout d'origine animale – sont des facteurs de risque prouvés. En revanche, certains aliments ont un rôle protecteur : les fibres alimentaires (des légumes surtout) et les vitamines A, B, D et E.

Le tabac augmente le risque de cancer, le café le diminue et on pense de plus en plus que l'obésité et le manque d'activité physique sont également en cause dans la survenue de ces cancers.

Le rôle du stress n'a jamais été prouvé. On sait toutefois que le stress diminue l'efficacité des défenses immunitaires et rend plus vulnérable.

PEUT-ON PRÉVENIR LE CANCER COLORECTAL ?

En dehors des cancers liés à l'hérédité ou aux maladies inflammatoires, on peut simplement émettre des recommandations en ce qui concerne une alimentation équilibrée, qui privilégie les aliments protecteurs (fruits, légumes, céréales et pain complets), et réduise la consommation de graisses animales et de viandes rouges. Sans oublier d'éviter un surpoids et de pratiquer une activité physique régulière !

EXISTE-T-IL DES FORMES HÉRÉDITAIRES ?

Dans 5 % des cas, le cancer colorectal est lié à une prédisposition génétique, c'est-à-dire qu'il est provoqué par un gène anormal. Il peut s'agir par exemple d'une maladie appelée « polypose familiale », qui touche une personne sur 10 000 et qui est responsable d'un cancer colorectal sur 100.

Si un des parents porte le gène APC (*adenomatous polyposis coli*), gène qui a subi une mutation, il transmet forcément sa maladie à ses enfants. Le côlon est envahi par des polypes dès la puberté et vers l'âge de 40 ans, ceux-ci risquent de dégénérer en cancer. Il faut donc retirer la totalité du côlon bien avant cet âge ; l'intestin grêle est, par conséquent, rattaché directement au rectum. Des traitements par médicaments sont en cours d'évaluation. D'autres anomalies peuvent être associées aux polypes, notamment des anomalies de la rétine (7 fois sur 10) qu'il faut donc surveiller.

Les formes de cancers héréditaires du côlon sans polypose sont regroupées sous le terme HNPCC (de l'anglais *hereditary non polyposis colorectal cancer*), qui touche 3 % des patients. Il en existe deux grandes types : le syndrome de Lynch I, où le cancer concerne le côlon uniquement, et le syndrome de Lynch II qui associe au cancer du côlon un cancer de l'utérus, des voies urinaires, de l'estomac, de l'ovaire, des voies biliaires et de l'intestin grêle. Des critères précis identifient les familles à risque : trois membres de la famille au moins avec des cancers de l'HNPCC, au moins deux générations successives atteintes, pas de polypose familiale chez les patients qui ont un cancer colorectal, etc. Ces formes très spécifiques relèvent d'une prise en charge bien particulière, avec, entre autres, l'avis d'un médecin spécialisé en génétique.

COMMENT DÉCOUVRE-T-ON UN CANCER COLORECTAL ?

Au début de la maladie, il n'y a souvent pas de signes particuliers. Les symptômes les plus fréquents sont ensuite un amaigrissement, une fatigue généralisée, des troubles du transit

récents (constipation, diarrhée ou alternance des deux) – a
fortiori lorsqu'ils surviennent après 50 ans –, des ballonne-
ments inexpliqués… Toute trace de sang dans les selles doit
inciter à consulter un médecin. Des douleurs abdominales
qui font le tour du ventre – ce sont des coliques – doivent
aussi alerter, comme des douleurs violentes associées à une
envie permanente d'aller déféquer (c'est ce que l'on appelle
le « syndrome rectal » qui est souvent causé par un cancer
du rectum). Mais le cancer peut aussi évoluer sans se manifester – notamment lorsqu'il se développe sur le côlon droit
ou sur le cæcum – ou à l'inverse être révélé par une complication telle qu'une occlusion intestinale, qui entraîne l'arrêt
des selles et des gaz, associé à un ventre très ballonné, très
douloureux et à des vomissements. Tous ces symptômes
doivent amener à prendre un avis médical (avec un toucher
rectal pour détecter un cancer du rectum s'il est situé à
moins de 10 cm de l'anus).

La coloscopie est l'examen essentiel pour diagnostiquer le
cancer. Comme on l'a vu au chapitre IV, elle se fait le plus
souvent sous ce qu'on appelle une « neuroleptanalgésie »,
anesthésie assez légère qui a pour but de faire oublier au
patient ce moment. Elle dure une heure. La préparation à
cet examen est essentielle pour que le côlon soit « propre » et
facile à examiner. Un régime est prévu les jours précédents
et la veille au soir, on prend une grande quantité de liquide
laxatif pour vider le tube digestif : c'est la partie la plus désagréable. Un tube muni d'une caméra est introduit dans
l'anus pour explorer le rectum et le côlon à la recherche
d'une anomalie – polype, cancer – et des prélèvements sont
effectués car seule la biopsie donne avec certitude le diagnostic de cancer. Si c'est le cas, un bilan complet et classique est effectué pour évaluer l'extension du cancer dans le
corps.

QU'EST-CE QU'UNE COLOSCOPIE VIRTUELLE ?

La coloscopie virtuelle est une technique récente qui est en cours d'évaluation. Elle étudie le côlon et le rectum avec un scanner. L'avantage, c'est qu'il n'est plus nécessaire d'introduire un tube dans l'intestin pour voir s'il y a un polype ou un cancer. L'inconvénient majeur réside dans le fait que les prélèvements sont impossibles. Donc si l'on découvre une anomalie, il faut faire une coloscopie « classique » pour analyser la lésion. De plus, la coloscopie virtuelle exige quand même qu'on vide avant l'examen son intestin grâce à un laxatif. En revanche, on ne risque aucune complication (la coloscopie classique peut, *exceptionnellement*, se compliquer d'une perforation de l'intestin).

QUELS SONT LES TRAITEMENTS DU CANCER COLORECTAL ?

Le choix du traitement dépend de la localisation du cancer au côlon ou au rectum, ou de son extension dans d'autres organes, de la présence de métastases mais aussi de l'état de santé du patient. 4 cancers sur 10 surviennent chez des personnes de plus de 75 ans, il faut donc déterminer si la qualité de vie et l'espérance de vie sont mises en danger par le cancer plus que par l'état de santé, ou inversement.

Le plus souvent, la chirurgie est le principal traitement. Le chirurgien retire la partie de l'intestin atteinte. S'il le peut, il rétablit la continuité de l'intestin immédiatement. Sinon, il est obligé de poser un anus artificiel, qui peut être provisoire ou définitif, cela dépend du niveau de lésion.

LE DÉPISTAGE DES CANCERS
DU CÔLON ET DU RECTUM

À l'heure actuelle, seules les personnes qui ont un risque particulier de développer un cancer du côlon ou du rectum bénéficient – sur le plan de la Sécurité sociale – d'un dépistage par coloscopie régulière, tous les 5 ans en l'absence d'anomalie, plus souvent s'il y a des polypes. Les personnes concernées sont celles qui présentent un risque héréditaire : lorsqu'un parent du premier degré (parents, frères ou sœurs) a été atteint d'un cancer digestif ou s'il a des polypes adénomateux ou en cas de maladies inflammatoires de l'intestin. Si un membre de la famille a eu un cancer du côlon ou du rectum avant l'âge de 60 ans, il est recommandé à tous ses descendants du premier degré de faire une coloscopie. Dans le cadre d'une maladie génétique, le dépistage et la prise en charge se font très tôt par une consultation spécialisée d'oncogénétique.

Le dépistage du cancer colorectal dans toute la population devrait être généralisé fin 2008.

La radiothérapie est particulièrement utilisée en cas de cancer situé dans le bas du rectum, en complément de la chirurgie. Elle diminue en effet les risques de récidive à ce niveau et elle est effectuée avant la chirurgie, en association avec une chimiothérapie.

La chimiothérapie est en effet utilisée après la chirurgie en complément de traitement. C'est elle qui est privilégiée en cas de métastases.

Mais il y a du nouveau pour traiter ce cancer. On a mis au point des médicaments qui ont pour rôle de bloquer certains gènes : ceux qui stimulent le développement du cancer et qu'on appelle oncogènes. Autre grande nouveauté : des médicaments dits « angiogenèse » ont été développés. Ils suppriment l'apport de sang à la tumeur : non nourrie, la tumeur est détruite. Ils apportent donc un réel espoir dans le traitement du cancer.

COMMENT SE PASSE LA CHIRURGIE ?

La chirurgie se déroule différemment selon que la tumeur est située sur le côlon et la partie haute du rectum ou sur la partie la plus basse du rectum, la plus proche de l'anus. Dans les deux cas, une incision d'environ 17 cm est pratiquée de part et d'autre du nombril. Le chirurgien retire la tumeur ainsi qu'une dizaine de centimètres de côlon de chaque côté du cancer. Le côlon a une longueur totale d'environ 1,50 m ou 2 m, donc ce raccourcissement est tout à fait possible. Les ganglions sont aussi enlevés puis analysés. Les deux bouts de côlon (ou le côlon avec le haut du rectum) sont ensuite recousus l'un avec l'autre pour rétablir la continuité du tube digestif. Pour les cancers du bas rectum, en plus de l'incision sur l'abdomen, le chirurgien doit passer par l'anus pour accéder directement à la tumeur. S'il est possible de relier le côlon et l'anus, un anus artificiel est réalisé temporairement pour protéger pendant 6 à 8 semaines la suture entre le côlon et l'anus, et éviter les fuites. En revanche, s'il faut retirer également l'anus parce qu'il est touché par les cellules cancéreuses, un anus artificiel définitif est alors réalisé. Le côlon est relié directement à un orifice sur la peau et non plus au rectum ou à l'anus.

L'opération d'une tumeur du côlon ou du haut du rectum dure entre 2 et 3 heures. Elle est plus longue quand elle est localisée sur le bas rectum : de 3 heures et demie à 5 heures.

Quelles complications peuvent survenir ?

Comme toutes les opérations, celle du cancer colorectal peut entraîner une phlébite (un caillot qui « bouche » une veine) qui est prévenue grâce à des piqûres de médicaments fluidifiant le sang et au port de bas de contention. Les risques principaux sont la rupture de la suture qui relie les deux parties d'intestin, ce qui peut provoquer des infections dans l'abdomen. Des troubles de l'érection, une impuissance pour l'homme ou des douleurs pendant les rapports pour les femmes sont possibles, dans un peu moins de 20 % des cas.

Qu'est-ce qu'un anus artificiel, ou stomie ?

Le mot « stomie » signifie qu'une partie de l'intestin (le côlon en l'occurrence quand il s'agit d'une colostomie) est « abouché » à la peau de l'abdomen, sur les côtés du nombril. Ce segment d'intestin est fixé à la peau grâce à du fil, au cours de l'intervention. Il est relié à une poche autocollante, positionnée tout autour de l'orifice d'ouverture. La stomie est indispensable lorsque l'anus ne peut plus contrôler l'évacuation des selles. Celles-ci sont alors recueillies dans la poche jetable, qui est changée lorsqu'elle est remplie. Cette technique prend aussi le nom d'anus artificiel puisqu'elle remplace l'anus naturel. L'anus artificiel est soit définitif (c'est une colostomie définitive), soit temporaire pour permettre à la suture réalisée entre le côlon et l'anus de bien cicatriser. L'hospitalisation dure une dizaine de jours, il est possible de boire dès le lendemain de l'opération et de manger une fois que le transit a repris – 3 ou 4 jours après.

Comment fonctionne l'intestin après l'opération ?

Après une opération du seul côlon, le transit redevient normal dans les trois mois qui suivent l'opération. Une constipation ou une diarrhée peuvent apparaître chez certains patients. Lorsque l'opération du rectum a permis de conserver l'anus, il n'y a pas de fuite dans 90 à 95 % des cas. Le nombre de selles est variable, de 2 à 4 le jour et parfois la nuit. Les résultats définitifs ne sont parfois observés qu'au bout d'un an. Quand un anus artificiel définitif a été réalisé, il faut s'habituer à vivre avec cette poche mais une vie quasi normale est tout à fait possible.

Comment vit-on avec un anus artificiel ?

Il y a entre 80 000 et 100 000 personnes « stomisées » en France. Des associations existent pour les aider et les conseiller dans leur vie quotidienne. En cas d'anus artificiel temporaire, les selles sont liquides car leur trajet dans l'intestin est raccourci. Un régime alimentaire pauvre en fibres est recommandé, il faut aussi boire plus d'un litre et demi d'eau afin de compenser les pertes de liquide. Lorsque l'anus artificiel est définitif, aucun régime alimentaire n'est nécessaire car les selles sont solides. La stomie (l'orifice à la surface de la peau) doit être nettoyée à chaque changement de poche. La poche est fermée et munie d'un filtre pour éliminer les odeurs. Il existe des techniques de lavement, par l'intermédiaire de la stomie, afin de ne pas produire de selles pendant 48 heures, ce qui permet de porter une poche plus petite. La vie de couple, la vie de famille, les activités sportives et sociales sont tout à fait possibles, même avec une stomie définitive.

Peut-on reprendre une vie normale après l'opération d'un cancer colorectal ?

L'activité professionnelle doit être arrêtée au moins trois semaines, l'activité physique (le sport mais aussi le port de charges lourdes...) est interdite pendant un mois. Mais au bout de ce laps de temps, il est possible de retrouver une qualité de vie similaire à celle que l'on a connue avant l'opération d'un cancer du côlon. Pour une chirurgie du rectum, 8 patients sur 10 estiment avoir une qualité de vie correcte, les autres souffrant de troubles intestinaux et sexuels plus ou moins gênants.

L'alimentation ne doit être adaptée que s'il y a un anus artificiel temporaire et le transit est souvent perturbé pendant les deux à trois mois qui suivent l'opération. Constipation, diarrhée ou alternance des deux sont possibles durant cette période, puis le transit redevient normal lorsque le cancer était situé sur le côlon. Après une chirurgie sur le rectum, la fréquence des selles (jusqu'à 3 ou 4 par jour) peut être gênante, tout comme la capacité à se retenir plus d'un quart d'heure peut diminuer. Il est parfois difficile de différencier les gaz de l'émission de selles et l'incontinence anale dure parfois plusieurs mois. Tous ces troubles régressent en général au cours de la première année qui suit l'intervention et ils peuvent être améliorés par des médicaments qui ralentissent le transit intestinal.

COMMENT SE PASSE LA CHIMIOTHÉRAPIE ?

La chimiothérapie est utilisée en complément de la chirurgie lorsque les ganglions sont atteints par les cellules cancéreuses, quand le patient est jeune ou si le cancer a un développement rapide. Elle est aussi le seul traitement lorsque des métastases sont présentes et qu'elles ne peuvent pas être opérées. La chimiothérapie est souvent réalisée sous forme de perfusion d'une durée de 2 heures. Elle est administrée deux jours de suite (c'est une « cure »), deux fois par mois. Ce traitement dure environ six mois, plus longtemps s'il y a des métastases non opérables, ce qui fait au total une douzaine de cures. Il est également possible de prendre sa chimiothérapie sous la forme de comprimés, c'est plus rare et décidé au cas par cas, en commun accord entre le patient et l'équipe soignante.

Les principaux effets indésirables de la chimiothérapie, dans le cas du cancer colorectal, sont une baisse des défenses immunitaires (avec un risque d'infection), de la fatigue, des nausées, ou encore des diarrhées et une mucite (apparition d'aphtes dans la bouche). Ces symptômes ne sont pas systématiques et ils sont transitoires. Ils peuvent être atténués par des médicaments. Un « syndrome main-pied » peut apparaître, avec des rougeurs assez sensibles, suivies de crevasses au niveau des pieds et des mains. Mais ce syndrome est assez rare. Les traitements actuellement utilisés provoquent de manière très inconstante une perte de cheveux. Plus tardivement, les nerfs de la sensibilité sont parfois lésés par la chimiothérapie, ce qui provoque des troubles dans les pieds surtout et aussi les mains (il devient difficile d'écrire ou de tenir un objet par exemple).

QUAND ET COMMENT EST UTILISÉE LA RADIOTHÉRAPIE ?

La radiothérapie est surtout utilisée quand le cancer est situé au niveau du rectum car elle diminue le risque de récidive à ce niveau de 30 à 50 %. Elle est réalisée avant ou après l'opération, souvent en association avec la chimiothérapie. Normalement, la radiothérapie est effectuée au rythme de 5 séances par semaine, pendant 5 à 6 semaines. Mais elle peut aussi, lorsqu'elle a lieu avant l'opération, être concentrée sur une semaine.

Il existe d'autres indications : le traitement de certaines métastases au niveau du cerveau et des os (la radiothérapie permet de calmer les douleurs osseuses et de diminuer le risque de fracture).

Malgré des mesures de précaution, les organes autour de la tumeur (vessie, prostate, vagin, utérus) reçoivent aussi des rayons, ce qui peut provoquer des effets indésirables parfois graves. Chez les femmes non ménopausées, l'irradiation des ovaires est nocive pour la fertilité. Les ovaires peuvent alors être déplacés par chirurgie. Les testicules, eux, peuvent être protégés des rayons.

Quelles sont les conséquences de la radiothérapie ?

La radiothérapie du côlon et du rectum risque d'entraîner, en plus des effets indésirables classiques tels que l'irritation de la peau et la fatigue, une inflammation du rectum – une rectite, qui se manifeste par des douleurs parfois associées à une diarrhée. La vessie peut aussi souffrir de l'irradiation, avec l'apparition d'infection urinaire, de difficultés à uriner, de sang présent dans les urines. Mais ces effets indésirables sont très transitoires. Des problèmes de continence anale apparaissent parfois dans le cas des tumeurs du bas du rectum. Chaque symptôme doit être abordé avec le médecin pour trouver un traitement adapté.

QUELS SONT LES NOUVEAUX TRAITEMENTS CONTRE LE CANCER COLORECTAL ?

Les nouveaux médicaments font appel à des traitements ciblés, qui agissent sur des mécanismes bien précis du cancer. Il y a deux grandes nouveautés : les « anticorps monoclonaux » et des médicaments qui empêchent la « signalisation cellulaire ». Les anticorps monoclonaux sont des substances qui vont bloquer par des mécanismes complexes la multiplication des cellules cancéreuses. Ces anticorps monoclonaux sont administrés par perfusion dans les veines, en plus de la chimiothérapie. Par exemple, l'un d'entre eux (le bevacizumab) empêche la formation de vaisseaux qui irriguent la tumeur, ce qu'on appelle l'angiogenèse. Il a prouvé son efficacité dans le traitement contre le cancer colorectal lorsqu'il y a des métastases. En cas d'échec, un autre anticorps monoclonal peut être utilisé : le cetuximab. Il empêche d'agir un facteur qui stimule la croissance des cellules cancéreuses.

En ce qui concerne les petites molécules qui empêchent la « signalisation cellulaire », les résultats sont moins avancés que pour les anticorps monoclonaux. Ces molécules, prises en comprimé, empêchent elles aussi l'angiogenèse ou un facteur qui stimule la croissance des cellules cancéreuses. Le mécanisme est différent, il intervient dans les échanges d'information qui ont lieu dans les cellules. Les essais sont encore en cours.

En revanche, la vaccination et la thérapie génique ne sont pas aussi prometteuses. Un vaccin contre le cancer colo-rectal a été testé avec succès chez des souris ; nous sommes encore loin d'un vaccin efficace chez les hommes, mais c'est une première étape.

PEUT-ON VIVRE NORMALEMENT PENDANT LE TRAITEMENT ET APRÈS ?

L'intervention du cancer colorectal fatigue et empêche de faire des efforts et du sport pendant quelques semaines, mais ce délai est suffisant pour récupérer. En revanche, la chimiothérapie, qui dure plus longtemps, fatigue plus. Il faut apprendre à gérer cette fatigue et ne pas dépasser ses limites, mais certains patients ne ressentent pas la lassitude de manière aussi prononcée. Ils peuvent continuer à travailler et à vivre comme ils le faisaient avant le traitement. Un temps partiel (un mi-temps ou un quart temps thérapeutiques) est parfois la solution pour conjuguer l'activité professionnelle et les contraintes liées à la maladie et surtout aux effets secondaires des traitements (rectite, cystite, anus artificiel…). Un temps d'adaptation est nécessaire avant de reprendre une vie plus proche de la normale.

En ce qui concerne l'alimentation, on sait qu'une alimentation riche en protéines et en graisses d'origine animale joue un rôle dans l'apparition du cancer colorectal. Il est conseillé de se nourrir de manière équilibrée, mais c'est un principe que tout le monde, malade ou non, devrait adopter !

QUELLE SURVEILLANCE EST NÉCESSAIRE APRÈS UN CANCER DU CÔLON OU DU RECTUM ?

Un bilan de surveillance doit être réalisé tous les ans pendant 5 ans. Il comprend un examen clinique, une radiographie des poumons, une échographie de l'abdomen et une prise de sang. Une coloscopie est réalisée 2 à 3 ans après le traitement, puis à 5 ans et ensuite tous les 5 ans.

LES AUTRES CANCERS DIGESTIFS

QUELS SONT LES AUTRES CANCERS DIGESTIFS ?

Le cancer de l'œsophage touche un peu moins de 5 000 personnes chaque année, surtout des hommes. Il survient après 55 ans dans la plupart des cas et on lui connaît deux grandes causes : la première est la consommation de tabac et d'alcool, la deuxième est une maladie appelée « reflux gastro-œsophagien chronique » (le liquide acide contenu dans l'estomac remonte de manière anormale dans l'œsophage et agresse la paroi). Le plus souvent, la déglutition devient difficile ou douloureuse lorsqu'il s'agit d'aliments solides comme le pain ou la viande. Une modification de la voix, une fatigue ou un amaigrissement inexpliqués sont aussi des symptômes à ne pas négliger. Le diagnostic est réalisé grâce à la fibroscopie qui permet d'effectuer des biopsies. Une fois un bilan complet réalisé, le traitement fait appel à la chirurgie (la partie malade est retirée puis la continuité avec l'estomac est rétablie), à la chimiothérapie soit d'emblée, soit en complément de la chirurgie et parfois en association avec la radiothérapie.

Le cancer de l'estomac concerne près de 7 000 personnes tous les ans. Sa fréquence a nettement diminué durant les dernières années, ceci étant avant tout lié au mode de conservation des aliments (et notamment à la disparition du fumage). Il touche le plus souvent les hommes, vers 70 ans.

Il en existe deux types : l'un concerne la partie initiale de l'estomac, l'autre la partie finale. Le premier, dont la fréquence ne bouge pas, se verrait chez les personnes souffrant de reflux gastro-œsophagiens, le second qui, lui, diminue est lié avant tout aux conséquences de l'infection par la bactérie *Helicobacter pylori*. On connaît certains facteurs de risque alimentaire de ce cancer : il se voit plus chez les personnes qui consomment beaucoup de viandes, de poissons fumés et qui salent en excès. Les signaux précurseurs sont assez rares ; parfois on évoque ce cancer devant des signes d'ulcère, un amaigrissement, une fatigue intense, une anémie. Plus souvent, ce sont d'emblée des complications qui révèlent cette maladie. Au moindre doute on réalise une endoscopie ; en passant par la bouche un tube muni d'une caméra optique, on visualise la lésion et on la situe. Le geste indispensable, c'est de faire des biopsies sur cette lésion qui confirmeront ou non ce diagnostic. Ensuite, pour rechercher des ganglions ou des métastases, on fait une échographie abdominale, une radiographie pulmonaire et le plus souvent un scanner du thorax et de l'abdomen. Le traitement repose sur l'ablation de la tumeur : on tente de préserver une partie de l'estomac mais ce n'est pas toujours possible. Dans certains cas, on enlève tout l'organe et on fait un curage des ganglions. On peut aussi proposer une chimiothérapie. Si l'estomac est enlevé, on rétablit une continuité en « raccrochant » le début de l'intestin grêle (appelé duodénum) à la partie basse de l'œsophage. Ensuite la contrainte est de faire des repas fractionnés, c'est-à-dire plusieurs petits repas par jour. La qualité de vie ainsi peut être relativement préservée. Le pronostic dépend bien sûr du stade de la maladie et de son extension.

LES CANCERS DE LA PEAU

QUELS SONT LES DIFFÉRENTS CANCERS DE LA PEAU ?

Avec plus de 80 000 cancers environ chaque année, les cancers de la peau continuent à être de plus en plus fréquents. Il existe plusieurs types de cancer de la peau, terme générique le plus souvent utilisé, mais trois formes sont largement prépondérantes : les mélanomes, les carcinomes baso-cellulaires et les carcinomes spino-cellulaires.

– *Les mélanomes* sont les plus connus, pourtant les moins fréquents (environ 7 000 cas chaque année) mais les plus graves. Ils se développent à partir des grains de beauté, plus précisément des cellules qui produisent de la mélanine (appelées mélanocytes). La mélanine est le pigment qui colore la peau. Leur gravité est liée au fait qu'ils peuvent se disséminer dans tout le corps. Les métastases des mélanomes sont particulièrement dangereuses car difficiles à traiter.

– *Les carcinomes*, quel que soit leur type, se développent à partir des cellules de l'épiderme, la couche superficielle de la peau. Ils représentent 90 % des cancers de la peau.

Les carcinomes « baso-cellulaires » sont les plus fréquents (ils touchent 7 personnes sur 10 000) mais ils guérissent dans 100 % des cas s'ils sont retirés entièrement. En effet, ils ne « métastasent » pas. Ils apparaissent le plus souvent après 40 ans.

Les carcinomes « spino-cellulaires », eux, représentent 20% des cancers de la peau mais ils sont plus graves car ils risquent de donner des métastases. D'où la nécessité impérieuse d'un traitement rapide. Ils surviennent surtout chez les personnes âgées.

COMMENT RECONNAÎTRE UN MÉLANOME ?

Le mélanome est la première cause de mortalité par cancer chez les jeunes adultes ! Il est donc particulièrement important de savoir reconnaître les situations à risque.

Toute modification d'un grain de beauté doit alerter mais il est bien difficile de faire la différence entre un simple grain de beauté et un mélanome. Celui-ci prend souvent la forme d'une tumeur pigmentée foncée. Attention si le grain de beauté s'étend en quelques semaines ou quelques mois, si son épaisseur augmente ou s'il change de forme et de couleur. Le moyen mnémotechnique ABCDE est facile à mémoriser : A pour *asymétrie* (une forme irrégulière), B comme *bords déchiquetés*, C pour *couleurs* (le mélanome est souvent de deux couleurs), D comme *diamètre* (supérieur à un demi centimètre) et E pour *évolution* car l'aspect change. Dès qu'une de ces modifications est remarquée, il faut demander un avis médical. Autre source de danger : un point noir ou violacé qui apparaît en dehors de tout grain de beauté, qui a un contour régulier et rond, avec un aspect lisse et homogène. C'est une urgence car ce type de mélanome évolue vite.

Le mélanome apparaît sur n'importe quelle partie du corps mais il a ses préférences. Chez l'homme, c'est plutôt le tronc et chez la femme, ce sont les jambes.

L'examen par un dermatologue du grain de beauté suspect permet de lever le doute ou de confirmer le diagnostic de cancer en faisant une biopsie-exérèse : le médecin enlève la lésion et la fait examiner au microscope afin de savoir s'il s'agit bien d'un mélanome.

COMMENT RECONNAÎTRE UN CARCINOME ?

Le carcinome baso-cellulaire prend souvent l'aspect d'une « perle », sous la forme d'un petit nodule dur et rond qui se développe de manière progressive. Autres possibilités : une petite zone de couleur blanchâtre qui grandit lentement ou une petite lésion – ce que l'on appelle une ulcération, qui ne cicatrise pas.

Un carcinome spino-cellulaire est à suspecter si une croûte sur le dos de la main, ou le visage, tombe puis revient régulièrement, plus grosse à chaque fois. Elle se met à saigner et elle ne cicatrise pas. Attention, urgence : la consultation est impérative ! Cette petite croûte est parfois localisée sur la lèvre (particulièrement chez les fumeurs).

Qu'il soit « baso » ou « spino-cellulaire », le carcinome apparaît surtout sur le visage, les mains, les avant-bras (les zones exposées) ou les épaules.

Un mot d'ordre est valable pour tous les carcinomes : une lésion qui ne parvient pas à cicatriser au bout de deux mois doit amener à consulter un médecin.

COMMENT TRAITER UN CANCER DE LA PEAU ?

Le traitement est le même pour tous les cancers de la peau, carcinomes ou mélanomes. Après la biopsie-exérèse, l'exérèse est plus ou moins élargie si nécessaire : le médecin enlève un peu plus de peau autour du cancer (la surface de peau retirée dépend de la gravité du cancer, notamment en cas de mélanome). Si cette exérèse est très large, au-delà de 2 centimètres, une greffe de peau est alors nécessaire pour améliorer l'aspect esthétique de la cicatrice. La radiothérapie peut aussi être utilisée pour les carcinomes. Les ganglions doivent parfois être retirés pour les mélanomes. Une surveillance régulière est indispensable et à adapter à chaque patient.

LES LEUCÉMIES ET LES LYMPHOMES

QU'EST-CE QU'UNE LEUCÉMIE ?

Une leucémie correspond à la multiplication anormale et incontrôlée de cellules – qui sont à l'origine des globules blancs du sang – dans la moelle osseuse et parfois dans le sang. Cette maladie touche plus de 6 200 personnes en France, adultes ou plus jeunes (450 nouveaux cas chaque année chez les enfants).

La moelle est une substance semi-liquide présente dans les os plats surtout, comme le bassin, le sternum (l'os sur lequel les côtes s'insèrent sur le devant du thorax), le crâne... C'est là que sont fabriquées les cellules à l'origine des différentes cellules du sang : les globules rouges qui transportent l'oxygène, les plaquettes qui servent à la coagulation du sang et les globules blancs qui luttent contre les infections. Ce sont eux, quand ils deviennent anormaux, qui sont à l'origine des leucémies.

QUELLES SONT LES DIFFÉRENTES SORTES DE LEUCÉMIES ?

Il faudrait parler des leucémies et non de la leucémie car il existe plusieurs sortes de leucémies en fonction du type de cellule atteint. Parmi les globules blancs, on trouve en effet les polynucléaires et les lymphocytes. Les cellules à l'origine des polynucléaires sont appelées « myéloblastes » et celles à l'origine des lymphocytes « lymphoblastes ». Il existe plusieurs stades d'évolution entre la première cellule précurseur et le globule blanc définitif, et chacune peut être à l'origine d'une leucémie. On parle donc de leucémie myéloïde quand ce sont les cellules à l'origine des polynucléaires qui sont anormales. Et quand ce sont les précurseurs des lymphocytes qui sont malades, il s'agit de leucémie lymphoïde.

QU'EST-CE QU'UNE LEUCÉMIE CHRONIQUE ?

Une leucémie chronique évolue sur une durée longue, en général de plusieurs années. On en distingue deux types : la leucémie lymphoïde chronique et la leucémie myéloïde chronique. Les cellules touchées par la leucémie chronique sont déjà bien avancées dans leur processus d'évolution en lymphocytes ou polynucléaires, les cellules définitives du sang. Ce critère est important pour différencier une leucémie chronique d'une leucémie aiguë.

La leucémie lymphoïde chronique touche plutôt les personnes de plus de 60 ans. Elle se manifeste par de la fatigue, des ganglions augmentés de volume sous les aisselles ou dans l'aine, une grosse rate à l'examen médical ou un gros foie. La prise de sang permet de faire le diagnostic en examinant au microscope les cellules et en les comptant. La gravité est évaluée selon trois stades, de A à C, et le traitement adapté à chacun de ces stades. En cas de stade A, sans symptôme, le patient est simplement surveillé. Aux stades B et C, plus graves, il faut une chimiothérapie qui freine le développement de la maladie mais ne la guérit pas. Lorsque la chimiothérapie n'est pas efficace, un nouveau médicament, disponible aujourd'hui, détruit les lymphocytes : un anticorps monoclonal.

La leucémie myéloïde chronique se manifeste par une fatigue, une pesanteur dans l'abdomen ou une fièvre. Là aussi, le diagnostic est posé grâce à la prise de sang. Cette forme de leucémie s'aggrave inexorablement et passe en forme aiguë. Il faut traiter systématiquement, avec des médicaments plus forts que dans la leucémie lymphoïde chronique, car cette forme est plus dangereuse. Un traitement « ciblé », le Glivec®, qui empêche la croissance des cellules cancéreuses, est utilisé actuellement. Il est très efficace. Une greffe osseuse est proposée aux patients jeunes chez qui ce traitement ne fonctionne pas.

QU'EST-CE QU'UNE LEUCÉMIE AIGUË ?

Les leucémies aiguës évoluent de manière beaucoup plus rapide que les leucémies chroniques. Les cellules cancéreuses sont généralement à un stade peu avancé de leur évolution vers la cellule du sang définitive. On parle de « blastes » : de lymphoblastes pour les cellules qui devaient se transformer en lymphocytes, ou de myéloblastes pour celles qui étaient destinées à être des polynucléaires. D'où les deux types de leucémies aiguës, lymphoblastiques ou myéloblastiques. Les premières touchent 8 fois sur 10 les jeunes enfants, tandis que les secondes concernent les adultes. Pour faire le diagnostic de leucémie, il faut réaliser une ponction de l'os au niveau du sternum ou du bassin. C'est un « myélogramme », qui se fait sous anesthésie locale à l'aide d'une grosse aiguille creuse. L'analyse au microscope montre à quel type de blastes on a affaire.

QUELLES SONT LES CAUSES DES LEUCÉMIES ?

On sait que les leucémies ne sont pas des maladies génétiques et elles ne sont ni héréditaires, ni transmissibles, ni contagieuses. À l'heure actuelle, leurs causes sont encore mal connues mais certains facteurs favorisants sont identifiés et il semblerait que l'industrialisation joue un rôle non négligeable. Les leucémies résulteraient de l'interaction entre des gènes prédisposants et des substances toxiques, présentes dans l'environnement. L'exposition massive à des radiations ionisantes ou à des produits chimiques (le benzène par exemple), la prise de certains médicaments contre le cancer ou, plus rarement, certains virus (comme pour le lymphome de Burkitt) favoriseraient la survenue d'une leucémie.

QU'EST-CE QUE LA LEUCÉMIE LYMPHOBLASTIQUE AIGUË CHEZ L'ENFANT ?

D'abord, comment établit-on le diagnostic ?

Plusieurs symptômes peuvent attirer l'attention : une fatigue, un amaigrissement, une fièvre, des angines ou des bronchites à répétition, une tendance à avoir des « bleus » spontanément ou des saignements de nez, de gencives ou d'ailleurs. La présence de gros ganglions ou des douleurs dans les os sont aussi des signes possibles de leucémie. La prise de sang révèle la présence de blastes ainsi que des anomalies importantes (une anémie qui correspond à la chute des globules rouges – ce qui explique entre autres la fatigue –, et une baisse des plaquettes, d'où la tendance à saigner facilement). Le myélogramme et un bilan d'extension complètent les examens. L'atteinte des poumons est recherchée par radiographie ou scanner, le cerveau – notamment les méninges, qui enveloppent le cerveau – est aussi exploré, a fortiori quand le patient souffre de maux de tête, de vomissements, de somnolence ou de paralysies. Les testicules doivent aussi être examinés.

La gravité de la leucémie est évaluée en fonction des résultats des examens réalisés mais aussi de l'existence de certains facteurs : l'âge (moins de 2 ans ou plus de 10 ans), une rate et/ou des ganglions de grosse taille, une quantité importante de lymphoblastes. Des anomalies chromosomiques sont recherchées à l'aide d'un « caryotype », examen qui étudie les 23 paires de chromosomes. (Précisons qu'il s'agit d'éléments contenus dans les noyaux de nos cellules qui portent l'information génétique. Ils sont formés du fameux ADN.) Si ces anomalies sont présentes, elles orientent elles aussi vers un pronostic plutôt défavorable.

Comment est traitée cette leucémie ?

Le traitement est adapté au type de leucémie lymphoblastique aiguë. C'est une chimiothérapie composée de plusieurs médicaments et qui comporte plusieurs phases. La première est dite « d'induction-rémission », c'est une succession de cures de chimiothérapie réalisées jusqu'à ce que les examens du sang et de la moelle soient normaux, ce qui survient le plus souvent au bout de quelques semaines. Elle est suivie d'une phase de « consolidation », avec une chimiothérapie moins intense. Celle-ci dure également plusieurs semaines. Un traitement « de maintenance » est ensuite effectué pendant plusieurs mois. Pour prévenir l'atteinte du cerveau et des méninges, les médicaments sont aussi injectés à ce niveau et une radiothérapie est parfois effectuée. Le traitement dure environ 18 mois.

Quelle surveillance est nécessaire et que se passe-t-il en cas de rechute ?

Une surveillance régulière est nécessaire pendant au moins cinq ans, afin de détecter une rechute. Elle comporte un examen clinique ainsi que des prises de sang. Si une rechute est détectée, on essaie dans la mesure du possible de réaliser une greffe de moelle osseuse.

COMMENT EST PRISE EN CHARGE UNE LEUCÉMIE MYÉLOÏDE AIGUË ?

Les leucémies myéloïdes aiguës touchent surtout les adultes, il en existe différents sous-types selon l'aspect des myéloblastes et l'existence d'anomalies chromosomiques. C'est souvent la prise de sang qui oriente vers le diagnostic, lequel est ensuite confirmé par un myélogramme. Le traitement comporte, comme pour les leucémies lymphoïdes aiguës, plusieurs phases : une phase d'induction à base d'une chimiothérapie lourde, puis une phase de consolidation et éventuellement d'intensification par greffe de moelle.

COMMENT SE PASSE UNE GREFFE DE MOELLE ?

Une greffe de moelle osseuse est effectuée dans les cas les plus graves de leucémie ou en cas de rechute. Elle concerne 5 à 10 % des enfants atteints de leucémie aiguë lymphoblastique.

Dans l'idéal, le donneur est un membre de la famille, un frère ou une sœur, qui est « compatible ». Cela signifie que son système immunitaire est à peu près similaire à celui du patient et que sa moelle va être bien acceptée par le corps de celui-ci. Une préparation est nécessaire avant de réaliser la greffe. L'enfant est totalement irradié pour éliminer toutes les cellules malades avant d'injecter de la moelle saine. Cette irradiation entraîne hélas une stérilité. Des techniques sont actuellement à l'étude pour essayer de remédier à cette stérilité, en prélevant des tissus sexuels, en les congelant et en les réimplantant ensuite. Une chimiothérapie peut remplacer la radiothérapie pour préparer le corps avant la greffe.

Un traitement immunosuppresseur est aussi donné au patient pour diminuer ses défenses immunitaires et éviter ainsi le rejet de la moelle osseuse. Il devient alors plus sensible aux infections, souvent très fatigué et fébrile. Un isolement en chambre stérile associé à un traitement antibiotique est nécessaire pendant plusieurs semaines : c'est le seul moyen de lutter contre les infections qui, dans ce cas, peuvent être mortelles. Cette période délicate dure environ 6 à 8 semaines après la greffe.

Si aucun membre de la famille n'est compatible, on fait appel à un donneur extérieur. Celui-ci est recherché sur un site international de donneurs (vivants, volontaires et anonymes). On tente de trouver une moelle la plus proche possible de celle du malade. Si on n'en trouve pas, d'autres techniques de greffe sont encore possibles. Ainsi, on peut utiliser la propre moelle osseuse du patient, quand celui-ci se trouve en rémission complète. Elle est congelée et injectée après un traitement particulier pour éviter qu'elle ne contienne des cellules cancéreuses.

QU'EST-CE QU'UNE GREFFE DE CELLULES SOUCHES ?

La greffe de cellules souches est une technique plus récente et plus compliquée. Elle fait appel aux cellules souches, « bébés cellules » qui n'ont pas encore acquis leurs caractéristiques définitives (comme par exemple les cellules musculaires ou les cellules osseuses). Grâce à des manœuvres complexes, on parvient à extraire les cellules souches de la moelle, à les faire passer dans le sang puis on les prélève chez le patient quand il est en phase de rémission complète. Ces cellules souches sont ensuite congelées jusqu'à ce que le patient en ait besoin et, à ce moment-là, elles sont décongelées et administrées par perfusion.

QUELLES SONT LES COMPLICATIONS DES GREFFES ?

La complication la plus grave d'une greffe, c'est son rejet. Les défenses immunitaires du patient n'acceptent pas la moelle et la détruisent. Le risque de rejet est proportionnel à la compatibilité du donneur de moelle et de son receveur : plus leur système immunitaire est proche, plus la greffe a des chances de tenir.

L'idéal, qui est rarissime, c'est d'avoir un vrai jumeau puisque dans ce cas, la compatibilité est totale.

Le traitement immunosuppresseur a l'avantage de diminuer les risques de rejet mais il augmente les risques d'infection, une complication qu'il faut essayer d'éviter le plus possible grâce aux antibiotiques à forte dose et à la chambre stérile. Une greffe est un traitement très lourd mais, lorsqu'elle réussit, elle offre au patient la guérison et une vie normale !

QUELS SONT LES PROGRÈS DANS LA PRISE EN CHARGE DES LEUCÉMIES CHEZ L'ENFANT ET L'ADOLESCENT ?

Les traitements des leucémies chez l'enfant sont de plus en plus efficaces puisque 8 patients sur 10 guérissent à l'heure actuelle. Les progrès sont immenses car la moitié des enfants seulement guérissaient d'une leucémie dans les années 1970 ! Il existe désormais des protocoles de traitement efficaces et validés à l'échelle internationale. De surcroît, les enfants ont une résistance étonnante aux traitements utilisés, qui sont souvent plus intenses que ceux administrés aux adultes. Leur corps sait mieux régénérer les cellules. Les effets secondaires, très importants du fait de la puissance des médicaments utilisés, sont aussi mieux pris en charge, même s'ils restent très pénibles et importants. Des progrès sont encore à faire pour améliorer le confort des petits malades.

QU'EST-CE QU'UN LYMPHOME ?

Un lymphome est un cancer du « système lymphatique ». Ce système aide l'organisme à se défendre contre les maladies. Il est constitué des ganglions lymphatiques et de canaux : les vaisseaux lymphatiques. Le liquide clair qui circule dans ces canaux est appelé la lymphe, elle circule à travers tout le corps pour éliminer les toxines. C'est possible grâce à des cellules spéciales, les lymphocytes, qui font partie de nos défenses immunitaires et nous aident à lutter contre les infections. Les lymphocytes sont fabriqués par la rate et la moelle osseuse. Les déchets, les microbes et les cellules cancéreuses sont filtrés par les ganglions lymphatiques, au fur et à mesure que la lymphe les traverse. Un lymphome est donc un cancer qui se développe à partir de tout organe qui appartient au système lymphatique.

Quelles sont les différentes sortes de lymphomes ?

Les médecins distinguent deux catégories de lymphomes : la maladie de Hodgkin et les lymphomes malins non hodgkiniens (ou LMNH). Ces derniers sont les plus fréquents car ils représentent 85 % des lymphomes. Les cellules de ces deux types de lymphome sont différentes et ces deux cancers évoluent aussi de manière différente.

Quelles sont les caractéristiques des lymphomes malins non hodgkiniens ?

Le LMNH prend le plus souvent naissance à partir des lymphocytes d'un ganglion lymphatique, il peut s'étendre ensuite dans la moelle osseuse, le foie, les poumons... En réalité, il existe plusieurs sortes de lymphomes en fonction du type de lymphocyte atteint par le cancer. C'est pour cette raison que l'on parle des lymphomes malins au pluriel. Ils représentent 10 % des cancers de l'enfant.

La cause de ces lymphomes est encore inconnue. Des anomalies des défenses immunitaires pourraient perturber le fonctionnement de la moelle osseuse (lieu de production des lymphocytes), et favoriser la prolifération des cellules cancéreuses. Certains facteurs sembleraient favoriser l'apparition d'un lymphome : les maladies auto-immunes, les traitements immunosuppresseurs, une maladie du système immunitaire comme le sida, ainsi que les maladies qui affectent le système immunitaire depuis la naissance, ou l'exposition à certains pesticides... Mais un lymphome malin non hodgkinien peut très bien survenir sans qu'aucun de ces facteurs ne soit présent.

Ce cancer peut provoquer une fatigue importante, une fièvre souvent accompagnée de sueurs la nuit, un amaigrissement. Les ganglions sont gonflés dans le cou, les aisselles ou l'aine. La biopsie des ganglions est indispensable pour valider le diagnostic : il faut souvent prélever plusieurs ganglions sous anesthésie locale, afin de les examiner au microscope et de déterminer le type de cellules cancéreuses.

Différents examens (scanner, IRM) permettent de déterminer le point de départ du lymphome (ganglion, rate), de voir s'il s'est étendu dans le corps, notamment dans la moelle osseuse. Pour étudier cette dernière, il faut réaliser un myélogramme, une ponction dans un os. Le bilan permet de quantifier la gravité du lymphome sous forme de grade (faible, intermédiaire, élevé). Plus le grade est élevé, plus les cellules cancéreuses se multiplient vite et ont tendance à envahir d'autres parties du corps.

La chimiothérapie est l'arme de référence contre les lymphomes non hodgkiniens. Elle associe plusieurs médicaments et a pour but de détruire tous les ganglions cancéreux. Une rémission de la maladie obtenue au bout de 3 mois est de bon pronostic. Au bout de 3 ans, les rechutes sont rares. La chirurgie est peu utilisée et la greffe de moelle ou de cellules souches est réservée aux formes graves ou aux rechutes.

Une surveillance est, bien entendu, indispensable après l'arrêt du traitement. Un bilan est fait tous les 3 mois, pendant le traitement et les 2 années qui suivent. La surveillance se poursuit au rythme d'un bilan tous les 6 mois durant les 3 années suivantes. En cas de rechute, une nouvelle chimiothérapie, différente de la première, est réalisée et peut être suivie d'une greffe.

Quelles sont les spécificités de la maladie de Hodgkin ?

La spécificité principale de la maladie de Hodgkin est l'aspect des cellules qui deviennent cancéreuses (on les appelle les cellules de Sternberg-Reed).

Cette affection peut survenir à n'importe quel âge, mais elle est fréquente chez l'adolescent et l'adulte jeune, notamment de sexe masculin. Des ganglions gonflés, souvent situés au-dessus des clavicules, sous les aisselles, dans le cou, sont des signes courants. Mais des ganglions plus profonds peuvent aussi être atteints, même s'ils ne sont pas visibles. Ils sont parfois douloureux après l'absorption d'alcool. Comme pour les autres lymphomes, une fièvre, des sueurs nocturnes ou une perte de poids doivent attirer l'attention. Plus rarement, des démangeaisons sont possibles.

Un bilan complet est nécessaire : tous les endroits où des ganglions sont présents doivent être explorés. La gravité de la maladie est ensuite cotée grâce à une classification internationale bien précise qui prend en compte le nombre de ganglions atteints, ainsi que l'extension à d'autres organes comme les poumons, la moelle… La présence de symptômes est elle aussi prise en compte.

La radiothérapie permet de détruire les cellules cancéreuses au niveau des ganglions des aisselles, de l'aine… Elle est utilisée dans les formes peu avancées. La chimiothérapie utilise une association de plusieurs médicaments selon des protocoles bien établis. Radiothérapie et chimiothérapie sont souvent associées.

La chimiothérapie entraîne les effets indésirables habituels (nausées, vomissements, perte des cheveux…) mais l'un des protocoles utilisés, qui est très efficace, est aussi très toxique. Il peut provoquer de nouveaux cancers quelques années plus tard (un lymphome malin non hodgkinien notamment). La radiothérapie, quant à elle, a des effets différents selon les endroits où elle est effectuée : elle abîme les glandes salivaires au niveau du cou (ce qui provoque un manque de salive gênant), elle peut entraîner des brûlures du tube digestif ou altérer les ovaires si elle doit être réalisée au niveau du bassin. Elle est aussi responsable de problèmes de croissance chez l'enfant, ce qui fait préférer la chimiothérapie dans ce cas-là.

Après le traitement, la surveillance est réalisée sur le même principe que celle d'un lymphome malin non hodgkinien.

À l'heure actuelle, la maladie de Hodgkin est une affection que l'on sait guérir. En cas de rechute, un traitement plus intensif est donné et il peut être suivi d'une greffe de moelle ou de cellules souches.

LES CANCERS PROFESSIONNELS

QU'APPELLE-T-ON « CANCER PROFESSIONNEL » ?

Un cancer professionnel est imputable à la présence d'une substance cancérigène sur le lieu de travail. Il répond à des critères bien précis : la manipulation ou l'exposition à un produit reconnu comme cancérigène, le délai d'apparition du cancer par rapport à cette exposition, parfois la durée de contact avec la substance en cause.

QUELLE EST LA FRÉQUENCE DES CANCERS PROFESSIONNELS ?

Un million de personnes seraient exposées chaque jour en France à des produits cancérigènes, dont 17 % des ouvriers. Ces produits, essentiellement utilisés en milieu professionnel, sont à l'origine de plus de 8 % de tous les cancers soit 20 000 nouveaux cas par an et 25 000 décès. Les cancers professionnels restent pourtant méconnus par les salariés mais aussi par les médecins et les autorités sanitaires. La raison invoquée ? Un manque d'information sur les produits utilisés, sur leur toxicité, sur la relation entre le cancer et la substance en cause...

TABLEAU DES PRINCIPALES SUBSTANCES CANCÉRIGÈNES
ET DES CANCERS QUI LEUR SONT ASSOCIÉS
(Régime général de la Sécurité sociale)

Produits	Principaux cancers
Amiante	Poumon, plèvre
Amines aromatiques	Vessie
Arsenic	Poumon, peau, foie
Benzène	Leucémies
Bischlorométhylether	Poumon
Chlorure de vinyle	Foie
Chrome (certains composés)	Poumon
Goudrons, huiles, brais de houille, suies de combustion du charbon	Peau, poumon, vessie
Huiles minérales	Peau
Nickel (grillage des mattes)	Poumon, nez et sinus
Oxyde de fer (fumées et poussières)	Poumon
Poussières de bois	Nez et sinus
Rayonnements ionisants	Leucémies, poumons, peau, os

QUELLES SUBSTANCES SONT DANGEREUSES SUR LE LIEU DE TRAVAIL ?

De nombreuses substances sont maintenant classées comme cancérigènes et plus de la moitié d'entre elles sont présentes sur le lieu de travail. Parmi elles, la plus connue est sans doute l'amiante, qui a participé d'ailleurs à la révélation du problème des cancers d'origine professionnelle. Mais il y a aussi les solvants, les rayonnements ionisants, les pesticides ou encore les poussières de bois... Il est impossible de faire une liste exhaustive des produits toxiques.

QUELS SONT LES PRINCIPAUX CANCERS PROFESSIONNELS ?

Les voies respiratoires (l'air passe par le nez, le pharynx, le larynx, la trachée puis les poumons) sont le plus souvent concernées par les cancers professionnels. Les cancers du nez et des sinus de la face (des cavités creusées dans les os du visage) sont d'origine professionnelle dans plus de la moitié des cas !

Les leucémies, les cancers de la vessie et de la peau sont également souvent d'origine professionnelle.

COMMENT EST DÉCLARÉ UN CANCER PROFESSIONNEL ?

Un cancer professionnel doit faire l'objet d'une « déclaration » pour que le patient puisse bénéficier d'indemnités et d'une prise en charge par un fonds spécialisé de l'assurance maladie. La première étape est l'œuvre du médecin qui diagnostique le cancer et évoque la possibilité d'une relation avec l'activité professionnelle : il doit en informer le malade et lui fournir un certificat médical. Le patient doit ensuite remplir un dossier pour déclarer sa maladie à la Sécurité sociale. Cette démarche doit être effectuée dans les deux ans qui suivent la rédaction du certificat médical. La réponse de la caisse d'assurance maladie est en général fournie dans les trois mois qui suivent la demande (au-delà, elle est automatiquement positive). En cas de refus, une procédure de contestation peut être entamée.

À l'heure actuelle, les maladies professionnelles, et surtout les cancers, sont sous-déclarées. Un cancer professionnel sur 10 seulement serait indemnisé en tant que maladie professionnelle.

DE QUELLE PRISE EN CHARGE BÉNÉFICIENT LES MALADES D'UN CANCER PROFESSIONNEL ?

La reconnaissance d'un cancer comme maladie professionnelle apporte des dédommagements non négligeables. Les indemnités journalières au cours d'un arrêt de travail sont supérieures à celles qui sont versées lors d'un cancer non professionnel. La sécurité de l'emploi est garantie : le malade est protégé contre le licenciement et le reclassement professionnel est facilité. Une rente pour incapacité permanente partielle est également attribuée et, en cas de décès, elle est versée à l'épouse ou aux enfants scolarisés.

COMMENT PEUT-ON ÊTRE INDEMNISÉ ?

Pour bénéficier d'une indemnisation, il faut que le cancer soit reconnu officiellement comme maladie professionnelle. Il existe des tableaux qui recensent et définissent de manière précise ces maladies. Ils sont consultables sur le site de l'Institut national de recherche sur la sécurité : www.inrs.fr (ou sur Minitel : 3615 LA SECU). La maladie incriminée doit remplir tous les critères du tableau. Un système complémentaire permet aux malades qui ne remplissent pas toutes ces conditions de formuler une demande auprès d'un comité spécial, le comité régional de reconnaissance des maladies professionnelles. Les démarches sont alors plus longues.

De quelle protection bénéficient les travailleurs exposés à des produits toxiques ?

En théorie, une entreprise est obligée de prendre toutes les mesures de protection nécessaires lorsque ses employés sont exposés à des substances dangereuses : port de masque, de gants, etc. Il est recommandé de bien lire les étiquettes des produits manipulés, pour se renseigner sur leur toxicité avant de les utiliser. Les délégués du personnel et le médecin du travail peuvent aussi apporter des renseignements utiles. Et les consultations de la médecine du travail sont évidemment recommandées, tout comme les éventuels examens de surveillance.

Les personnes ayant été en contact avec des produits toxiques peuvent bénéficier d'un suivi médical gratuit, qui est pris en charge par l'assurance maladie. Des examens spécifiques sont alors réalisés afin de détecter de manière précoce l'apparition d'un cancer. Il faut se procurer un certificat qui atteste l'exposition, signé par le médecin du travail et l'employeur. Ce système de suivi n'est pas encore très performant…

* * *

Voilà pour les principaux cancers que vous pouvez redouter. La description n'est pas agréable à lire, mais connaître une maladie permet bien souvent de mieux lutter contre elle.

À ce stade du livre, le lecteur connaît déjà les atouts dont il peut disposer : prévention, dépistages et, en cas de cancer, des traitements qui ont fait des progrès considérables depuis trente ans.

Mais, en cas de maladie, quelle qu'elle soit, et en particulier en ce qui concerne le cancer, le « moral » est un atout primordial. Il convient donc d'en prendre le plus grand soin. Cela fait partie intégrante de la thérapie.

CHAPITRE VI
LA PSYCHOLOGIE,
ESSENTIELLE TOUT AU LONG DE LA MALADIE

Apprendre que l'on a un cancer, c'est un choc, un traumatisme qui remet en question les projets d'avenir et bouleverse la vie quotidienne. Le cancer est une épreuve tout au long de ses différentes étapes, de l'annonce de la maladie aux diverses phases des traitements, puis pendant la surveillance et ses inévitables bilans. Aujourd'hui, les professionnels de la santé se rendent compte de l'importance de la psychologie et de la communication entre le patient et l'équipe qui le soigne, aussi bien pour le confort que pour une meilleure gestion de la maladie et des soins qu'elle exige. Un dispositif spécial d'annonce du diagnostic est mis en place depuis 2007 dans tout le territoire et des formations en communication seront proposées aux différents membres des équipes soignantes. Dès à présent, des efforts sont faits pour faciliter un tant soit peu la vie des patients au cours de ces moments particulièrement éprouvants.

QU'EST-CE QUE LA PSYCHO-ONCOLOGIE ?

La psycho-oncologie est une discipline qui est née du besoin impérieux d'améliorer la prise en charge psychologique, le soutien, l'écoute des personnes qui souffraient d'un cancer. Les progrès médicaux et thérapeutiques avaient quelque peu occulté le besoin d'humanité des patients, confrontés brutalement à une maladie grave, susceptible d'entraîner le décès. On a beau savoir que plus de la moitié des cancers sont guéris en France, cette affection n'en véhicule pas moins une image très angoissante et pessimiste. Il devenait urgent qu'un pays comme le nôtre offre à ses patients une assistance psychologique de qualité, qui puisse répondre aux différentes attentes, très variables d'une personne à l'autre ainsi que d'une étape à l'autre de la maladie.

À QUOI SERT LA PSYCHO-ONCOLOGIE ?

La psycho-oncologie est là pour diminuer les interrogations et les souffrances des patients atteints d'un cancer. L'objectif est d'améliorer la qualité de vie, d'aider au suivi des traitements et à l'acceptation des contraintes et des effets indésirables qu'ils génèrent, de favoriser les relations avec les membres de sa famille et ses amis. Beaucoup de questions apparaissent lorsque l'on est malade, aussi bien sur le plan personnel que sur le plan relationnel. Pouvoir parler de ce que l'on ressent, de ses doutes, et pouvoir s'adresser à quelqu'un qui a l'expérience de ce genre d'épreuves, sont des progrès essentiels dans la prise en charge d'une maladie comme le cancer. Toutes les étapes sont facilitées par un accompagnement psychologique, lorsqu'on en ressent le besoin.

Le moment de l'annonce est un temps essentiel qui conditionne la suite de la prise en charge. La généralisation du dispositif d'annonce devrait améliorer et humaniser la manière dont les patients sont avertis de leur maladie. Mais l'annonce n'est pas la seule étape traumatisante. Les traitements et leurs effets secondaires peuvent être très mal vécus et entraîner une grande souffrance morale. Le cancer du sein, la perte des cheveux associée à la chimiothérapie et surtout la chirurgie du sein, symbole de la féminité, de la sexualité et de la maternité, sont des exemples frappants de ce que peut vivre une femme atteinte de ce cancer. Un accompagnement psychologique aide parfois à surmonter ces épreuves. La surveillance après l'arrêt des traitements est, elle aussi, très angoissante, parfois génératrice de dépression. Quant à la rechute, on imagine à quel point elle peut susciter l'anxiété et le découragement.

QU'EST-CE QUE LE « DISPOSITIF D'ANNONCE » ?

Le dispositif d'annonce a longtemps été demandé par les associations de patients, catastrophées d'entendre dans quelles circonstances certaines personnes avaient appris leur maladie (par téléphone, dans un couloir d'hôpital bondé et agité, en deux minutes...). En mai 2006, un quart des patients estimaient que l'annonce du diagnostic avait été trop brutale. Heureusement, le nouveau dispositif va être généralisé à toute la France en 2007. L'objectif de ces nouvelles modalités est d'apporter plus de délicatesse à l'annonce de la maladie, sans pour autant atténuer la franchise du discours ni masquer la réalité de la situation.

Plusieurs consultations d'information sont en fait nécessaires et trois temps forts sont mis en exergue : l'annonce du diagnostic lors de la première consultation, où l'on doit ménager particulièrement le malade ; l'explication du programme personnalisé de soins ou PPS : une stratégie de traitements est proposée au patient lors d'une consultation au terme de laquelle un document écrit, précisant le déroulement du programme de soins, est remis ; le troisième temps, enfin, comporte la présentation et la mise à disposition d'une équipe soignante spécialisée dans la prise en charge du cancer.

Le dispositif d'annonce synthétise plusieurs renseignements : le diagnostic, le programme de traitement, l'état de santé du patient, ses besoins psychologiques et sociaux pour lui permettre d'accéder à une prise en charge adaptée, ainsi que les besoins particuliers comme le traitement de la douleur, les conseils diététiques, les séances de kinésithérapie...

COMMENT SE PASSE LA CONSULTATION D'ANNONCE ?

La consultation d'annonce est réalisée par un médecin : l'oncologue, le chirurgien ou le spécialiste de l'organe atteint par le cancer.

L'annonce doit être faite d'une manière privilégiée, entre le médecin et son patient, au calme, avec tout le temps nécessaire pour poser des questions ou s'en tenir simplement à ce que dit le médecin lorsqu'on ne peut pas en entendre plus pour l'instant. Les réactions sont très variables d'une personne à l'autre, le médecin doit s'adapter à la psychologie de la personne qu'il a en face de lui et respecter sa façon de réagir. Émotion, silences, demande d'informations médicales précises... chaque consultation est propre à chaque malade. La consultation d'annonce dure environ une heure, elle doit de préférence avoir lieu en début de journée, du lundi au jeudi, pour éviter au patient de se retrouver seul et démuni durant le week-end ou un jour férié. Et c'est un moment déterminant pour établir une relation de confiance avec l'équipe soignante.

L'écoute et le dialogue sont essentiels pour suivre les traitements dans un climat le plus serein possible. Souvent, lors de la première consultation, le malade n'est pas capable de poser les questions qui lui viendront à l'esprit par la suite. Il ne faut pas hésiter à revenir dessus plus tard auprès de l'oncologue, de l'infirmière ou de son médecin traitant qui doit être associé à la prise en charge. Il est important de bien comprendre toutes les informations données par le corps médical, qu'elles concernent la maladie ou les traitements. Là encore, le mieux est de se faire à nouveau expliquer les choses pour que tout se passe dans la transparence.

LES PROFESSIONNELS DE SANTÉ ONT-ILS UNE FORMATION EN COMMUNICATION ?

Le manque d'humanité lors de l'annonce du diagnostic de cancer a souvent été dénoncé par les patients. Les médecins semblent souvent inaccessibles, débordés par leurs activités et leurs obligations. Pendant longtemps, l'apprentissage des relations humaines s'est fait pour eux directement auprès des patients, au fil de leur formation médicale et de leurs expériences. Aujourd'hui, une formation « à l'écoute et à l'accompagnement » est prévue dans le cadre du dispositif d'annonce. Elle répond à la demande des professionnels de santé comme des patients. Certains médecins et infirmières ont déjà suivi une telle formation et elle devrait être généralisée à l'ensemble du personnel médical qui accueille des malades du cancer.

La prise en charge ne se limite pas à la maladie en elle-même : elle s'étend à la personne dans sa globalité, d'une façon beaucoup plus humaine. Les patients doivent sortir de leur consultation en sachant que tout est mis en œuvre pour soigner leur maladie. Un soutien psychologique devrait être proposé de manière systématique après la consultation d'annonce ou plus tard, selon les souhaits du patient. Et il doit être possible de rencontrer un infirmier ou une assistante sociale.

Le médecin traitant est un interlocuteur privilégié, bien que trop souvent tenu à l'écart par les spécialistes du cancer. C'est souvent lui qui gère les problèmes rencontrés au jour le jour, à cause des effets secondaires des traitements. Il est aussi d'une grande aide pour calmer les angoisses et rassurer...

QUELS SONT LES BÉNÉFICES D'UNE ANNONCE PLUS HUMAINE ?

Une annonce faite avec tact et délicatesse a des bénéfices immédiats pour le patient. Elle ne peut supprimer le choc que procure le fait d'apprendre que l'on a un cancer, mais elle peut rassurer grâce à des informations précises sur le déroulement de la prise en charge et grâce au sentiment d'être traité par une équipe compétente, à l'écoute et sur laquelle on peut compter. Elle améliore la satisfaction du patient et sa confiance, d'où une plus grande implication dans la gestion de la maladie et surtout dans l'adhésion à ses traitements.

FAUT-IL DEMANDER UN AUTRE AVIS ?

Il est tout à fait légitime de vouloir demander un deuxième avis à un autre spécialiste, devant un trop-plein d'angoisse ou le besoin d'avoir la confirmation du diagnostic ou le bien-fondé de telle ou telle décision thérapeutique. Au terme des consultations, les décisions concernant la santé, et notamment les traitements, sont prises en accord avec le patient qui a accès à son dossier médical. Un délai de réflexion est possible, le refus d'une partie du traitement aussi (en connaissance de cause, en particulier sur les risques que cela fait courir), et un deuxième avis médical est envisageable. Ces démarches ne doivent pas ralentir la mise en route des soins. Il vaut mieux parler de ses hésitations et de sa volonté de consulter un autre spécialiste à son médecin traitant ou à l'oncologue, afin qu'il puisse vous conseiller et transmettre les éléments nécessaires. Mais il faut savoir que les décisions thérapeutiques se prennent au sein d'une équipe pluridisciplinaire : les avis de plusieurs médecins, oncologue, chirurgien et radiothérapeute, sont pris en compte pour déterminer les soins les mieux adaptés. Ils ont aussi l'habitude de travailler ensemble, ce qui augmente la qualité de la prise en charge.

QUELLES INFORMATIONS SONT DONNÉES AU PATIENT ?

Pendant la consultation d'annonce, le médecin parle du cancer selon ses propres termes et sa sensibilité, mais aussi en fonction de ce qu'il vous sent capable d'entendre. Le mot « cancer » peut être remplacé par « tumeur maligne » ou « mauvaises cellules »… Ces termes peuvent être clarifiés si besoin est. La gravité du cancer est aussi abordée par l'intermédiaire du « stade » de la tumeur (de sa taille) et de son « grade » (l'agressivité des cellules cancéreuses vis-à-vis des autres organes). Une autre notion est très importante : l'atteinte ou non des ganglions lymphatiques, puisqu'elle détermine le risque de métastases ainsi que le choix des traitements. Les traitements et les risques que ceux-ci comportent doivent aussi être expliqués. Les effets secondaires sont souvent très effrayants et peuvent inciter au début à renoncer à un traitement. Mais il faut bien faire comprendre au malade qu'il est plus dangereux de refuser le traitement que d'en affronter les effets indésirables. D'autant qu'il existe aujourd'hui des solutions pour réduire ces effets.

TOUT LE MONDE A ACCÈS À SON DOSSIER MÉDICAL !

En France, l'article de loi du 4 mars 2002 du Code de la santé publique (article L1111-7) autorise les patients à « accéder directement aux informations qui les concernent et qui sont détenues par un professionnel de santé ». Autrement dit, tout le monde peut avoir accès à son dossier médical, à tous les comptes rendus et tous les résultats d'examens qu'il contient. C'est un des droits fondamentaux des malades.

QUELLES INFORMATIONS SONT DONNÉES AUX PROCHES DU MALADE ?

Les médecins sont tenus, par le secret médical, à la confidentialité de tout élément concernant la santé de leurs malades. Seul le patient peut les autoriser à divulguer ces renseignements à un tiers ou au contraire interdire de les communiquer à telle ou telle personne. Mais il est souvent souhaitable d'être accompagné durant les épreuves, par son conjoint ou un proche. Le soutien est très important, il est parfois plus facile d'encaisser les nouvelles à deux. Sans compter qu'on ne retient pas toujours tout ce qui a été dit et qu'un tiers peut vous aider à combler les lacunes de votre mémoire.

La loi sur les droits du malade, du 4 mars 2002, permet même au patient de désigner une personne « référente » pour recevoir les informations concernant sa santé. Il peut s'agir de son conjoint, d'un membre de sa famille, d'un ami ou de son médecin traitant.

LES MÉDECINS CACHENT-ILS LA GRAVITÉ DE LA MALADIE ?

Si les médecins doivent informer leur patient de la maladie, ils ne sont pas capables de prévoir avec certitude la guérison ou le décès. Ils peuvent simplement s'appuyer sur un faisceau de présomptions dans votre cas individuel et sur des grilles de statistiques effectuées à partir d'un grand nombre de patients. Le pronostic est souvent en rapport avec la gravité du cancer et il est légitime de demander quelles sont ses chances de guérir. Mais il ne faut jamais oublier que chaque maladie et chaque personne sont uniques. Mieux vaut ne pas trop s'attacher à des chiffres qui pourraient angoisser et freiner le désir de guérison.

COMMENT ANNONCER LA NOUVELLE À SON CONJOINT ?

Chaque couple a sa manière de fonctionner et il est difficile de conseiller une attitude standardisée. Mais un cancer est une épreuve difficile qu'il est bon de partager. Parler de sa maladie avec son conjoint est essentiel car il vivra en même temps que vous les différentes étapes, de l'annonce à la surveillance, la vie quotidienne rythmée par les traitements et les effets secondaires, les angoisses des bilans, etc.

L'anxiété et le stress qui en résultent, la fatigue ou les douleurs peuvent modifier les comportements et les réactions habituelles. Il n'est pas rare de passer par des humeurs différentes au cours d'une même journée et ces sautes d'humeur trouvent une explication dans les difficultés traversées. Laisser la personne qui partage sa vie dans l'ignorance majore la solitude que crée la maladie et ne facilite pas l'aide qu'elle peut apporter.

LA VIE SEXUELLE EST-ELLE MODIFIÉE PAR LE CANCER ET SES TRAITEMENTS ?

La maladie perturbe fréquemment les relations sexuelles, sous leurs différents aspects : le désir, la réactivité du corps et de l'esprit à la libido… Hommes et femmes vivent différemment l'atteinte du corps mais le spectre de la maladie est omniprésent. Les difficultés peuvent être psychologiques, notamment après la chirurgie du cancer du sein où la femme doit accepter son nouveau corps et l'homme l'aider à le faire. Elles peuvent aussi être dues aux séquelles des traitements (après la chirurgie du petit bassin notamment) ou à leurs effets secondaires, qui sont temporaires (la chimiothérapie, par exemple, diminue la libido).

COMMENT RETROUVER UNE SEXUALITÉ ÉPANOUIE ?

Chacun doit respecter les besoins et la manière de réagir de l'autre, tout en apprenant à vivre parfois une nouvelle sexualité, différente de celle qui existait avant. Le dialogue est essentiel pour retrouver une vie sexuelle épanouie, et partagée, car le silence est le principal obstacle. Ce dialogue est évidemment plus facile dans les relations où une grande tendresse prime, ainsi qu'une compréhension respective. Chacun des partenaires doit pouvoir exprimer ses sentiments, ses sensations vis-à-vis d'un corps qui, dans certains cas, a changé. Certains troubles liés au stress, la perte du désir, l'absence d'orgasme, disparaissent en général une fois les traitements finis et la confiance retrouvée. Certains symptômes peuvent se soigner, comme la sécheresse vaginale, les troubles de l'érection… Il ne faut pas s'enfermer dans le mutisme et l'acceptation de ces problèmes : médecins et sexologues peuvent apporter des solutions !

QUE FAUT-IL DIRE À SON ENTOURAGE ?

Le mot « cancer » est souvent terrifiant pour les gens et plusieurs raisons expliquent que l'on n'ait pas envie d'en parler à ceux qui nous aiment : pour les protéger et ne pas leur faire de peine, parce que l'on pense que cela les inquiéterait alors qu'ils ne peuvent rien faire de toute façon… Pourtant, le soutien apporté par les proches et la famille est très réconfortant.

Certaines personnes de votre entourage seront encore plus angoissées que vous et il faudra les rassurer. D'autres se révéleront être un soutien précieux. On sous-estime souvent la capacité des gens que l'on aime à écouter et à aider.

Cela dit, le choix d'informer ou non ses proches reste personnel, même si le silence est souvent plus angoissant qu'une mauvaise nouvelle, aussi bien pour soi-même que pour les autres.

COMMENT AIDER SON CONJOINT PENDANT SA MALADIE ?

L'équilibre du couple est nécessairement perturbé pendant toute la période de la maladie. Le conjoint malade est forcément plus fatigué et il ne peut pas toujours assumer ce dont il avait l'habitude de s'occuper. Il faut essayer de l'aider à réorganiser les tâches domestiques, de le soulager de tout ce qui pourrait accentuer sa fatigue. Sans pour autant l'empêcher de vivre normalement… Trouver l'attitude et les mots justes est très délicat, mais le dialogue permet de surmonter ces difficultés et de ne pas mettre en danger son couple.

COMMENT PARLER DE SA MALADIE AVEC SES ENFANTS ?

Il est légitime de vouloir protéger ses enfants et les préserver des difficultés à venir. Mais ils doivent être informés de ce qui se passe, avec des mots adaptés à leur âge (dès 3 ou 4 ans). Il est conseillé d'être honnête avec eux, en leur disant la vérité, tout en les rassurant.

Ils sentent de toute façon tous les changements, les situations de stress, qui surviennent dans la vie de la famille. Les non-dits risquent de les perturber bien plus que la vérité, voire de leur faire imaginer une situation encore plus grave que ce qui vous arrive.

Comment trouver les mots justes ? Peut-être en utilisant des termes simples pour décrire la réalité, en parlant de « mauvaises cellules » d'abord, puis en amenant petit à petit le mot « cancer ». Lorsque la maladie touche la maman, l'équilibre de l'enfant est souvent plus perturbé que lorsqu'il s'agit du papa car, en général, la mère est la plus présente au quotidien.

Il est aussi conseillé de prévenir l'instituteur de l'enfant car il a une place et un rôle importants dans la vie de celui-ci.

Il faut aussi savoir s'attendre à devoir répondre aux questions de vos enfants, qui ne doivent pas vous prendre au dépourvu.

Un enfant peut poser des questions difficiles, notamment sur la mort. Il faut essayer de répondre de manière positive, en disant que tout est mis en œuvre pour guérir. Et dites-vous que ce n'est pas grave de pleurer devant eux, c'est un signe d'humanité… Expliquer les raisons de votre tristesse peut permettre à l'enfant de mieux comprendre ce qui se passe.

De plus, les jeunes enfants se sentent souvent coupables de la maladie de leur parent. Leur expliquer que personne n'y peut rien, qu'ils ne sont absolument pas fautifs, peut les rassurer.

Dès l'âge de 7-8 ans, l'enfant est capable de comprendre ce que sont des mauvaises cellules ainsi que la nécessité de les soigner par différents traitements, comme l'opération pour les retirer, les rayons pour les détruire… Il est aussi important d'expliquer comment les choses vont se passer, qui s'occupera de l'enfant pendant l'hospitalisation, combien de temps celle-ci durera… Si l'enfant le demande, il peut venir vous rendre visite à l'hôpital. Certains spécialistes estiment que c'est même indispensable pour qu'il puisse s'adapter petit à petit aux changements physiques que peut subir le parent malade. Mais c'est à l'enfant de décider s'il ressent le besoin de ces visites.

La situation est parfois plus compliquée avec les adolescents, qui ont des réactions très variables : certains se retrouvent complètement démunis, d'autres au contraire veulent surprotéger le parent malade. L'indifférence peut aussi être un moyen de se protéger des angoisses que l'annonce de la maladie génère. Elle n'est pas pour autant une preuve de manque d'amour.

Dans tous les cas, il ne faut pas oublier que les médecins et les psychologues du service sont là pour vous aider et vous conseiller. Il existe aussi des groupes de parole destinés aux familles.

COMMENT GÉRER LES RELATIONS AVEC SON ENTOURAGE ?

Lorsqu'une personne est malade la vie relationnelle change, d'une part parce que son état physique et son humeur sont plus fluctuants mais aussi parce que l'entourage ne sait pas toujours comment se comporter face à la maladie et aux réactions qu'elle provoque chez cette personne. L'équilibre établi est mis en péril et il va falloir apprendre à s'adapter au jour le jour à l'état d'esprit et à la santé du malade. Les proches trouvent souvent que celui-ci est plus irritable, qu'il ne pense plus qu'à lui-même. Ils se sentent également démunis devant l'ampleur de l'affection, les émotions qui peuvent submerger la personne atteinte, ou son agressivité parfois. Bref, le plus souvent, l'entourage ne sait pas quoi faire pour l'aider. Et c'est à elle, la personne malade, de le guider et de le conseiller sur ses besoins ou ses envies.

De son côté, celle-ci traverse une épreuve lourde psychologiquement et elle souffre en plus d'une fatigue, de douleurs ou d'effets secondaires qui altèrent gravement sa qualité de vie, de manière irrégulière. Elle doit s'adapter à ces variations et apprendre à accepter l'aide proposée par ceux qui l'entourent. Ce qui est loin d'être évident lorsqu'on a été indépendant ! Il est pourtant souhaitable d'accepter cette aide avec simplicité, sans se sentir redevable, ni s'épuiser à essayer de rendre la pareille. Il est normal que les gens qui aiment quelqu'un prennent soin de lui. Le meilleur moyen est de parler énormément car la communication, même si elle est parfois très difficile, est la meilleure façon d'adapter les réponses de l'entourage aux besoins du ou de la malade.

COMMENT AMÉNAGER SA VIE QUOTIDIENNE ?

En cas de cancer, la fatigue, la douleur, les changements du corps et les baisses de moral bouleversent souvent la vie quotidienne. Le retour à la maison, lorsque l'on a été hospitalisé et opéré, peut se révéler difficile. Pendant une chimiothérapie ou une radiothérapie, les tâches domestiques sont parfois très pénibles à effectuer. Il faut pourtant faire face. Comment ?

Quand il s'agit de soins médicaux ou paramédicaux, le médecin traitant, l'infirmière ou le kinésithérapeute par exemple passent à domicile, chaque jour si c'est nécessaire et conformément aux prescriptions fournies à l'hôpital. Il existe des réseaux d'associations qui peuvent aider à mobiliser ces différentes compétences.

En ce qui concerne les courses alimentaires, le ménage, la préparation des repas, tout dépend de la forme physique. Il faut absolument se ménager des temps de repos, prendre sa douche ou préparer ses repas lorsque l'on se sent plus reposé, et surtout respecter son rythme et sa fatigue ! Inutile de forcer, ce n'est pas bon et ça ne fait qu'aggraver la situation.

Se faire davantage aider par son conjoint et ses amis fait partie des solutions envisageables et les plus réalisables. Il est aussi possible parfois de faire appel à une aide à domicile (aide ménagère, assistante maternelle…). Un assistant social (de l'hôpital ou de la mairie) peut conseiller sur ce qui est envisageable et pris en charge – même si cette prise en charge sociale est adaptée aux revenus et souvent minime. Il est en outre particulièrement intéressant de se tourner vers les associations d'anciens malades, de bénévoles spécialisés dans la lutte contre le cancer, pour bénéficier de leurs expériences.

COMMENT GÉRER LE STRESS ET L'ANXIÉTÉ ?

Le stress et l'anxiété sont des réactions normales à l'annonce d'un cancer. L'un et l'autre restent souvent présents tout au long des traitements et après, notamment au moment des bilans de surveillance. Ils ne sont pas pour autant une fatalité et il existe des moyens pour les minimiser et les rendre plus vivables.

Plusieurs techniques de relaxation ont fait la preuve de leur efficacité mais il faut trouver celle qui fonctionne sur soi et parfois s'entraîner un peu avant d'en retirer un bénéfice. L'autohypnose permet de se mettre soi-même en condition d'extrême relaxation après un apprentissage auprès d'un praticien spécialisé, comme un psychiatre. La sophrologie propose elle aussi un accès à la sérénité au son d'une voix qui guide l'esprit vers l'apaisement. Encore faut-il y être sensible et adhérer à ces techniques… mais les résultats sont souvent efficaces.

Le yoga associe relaxation, méditation, étirements et postures : il est bon à la fois pour le corps et l'esprit.

Pratiquer une activité physique est aussi un bon exutoire, excellent pour le moral. Il faut bien sûr l'adapter à ses capacités et à certains moments, cela n'est pas possible. Mais même marcher quelques minutes pour prendre l'air peut faire du bien. Cela oxygène les muscles et régénère le corps. Le repos, avant et après le sport, permet de mieux gérer l'activité.

Lorsqu'on ne se sent plus capable de gérer seul son anxiété, il est bien sûr recommandé de consulter un professionnel, pour recevoir un soutien psychologique et prendre des médicaments anxiolytiques s'ils sont nécessaires.

COMMENT RÉAGIR FACE À LA DÉPRESSION ?

Insomnies, tristesse, idées noires, angoisses liées à la mort…, tous ces signes traduisent souvent une dépression. Un cancer génère un sentiment d'extrême vulnérabilité, en particulier pendant les trois premiers mois : au moment de l'annonce du diagnostic, vers le milieu du traitement lorsque la fatigue, les effets secondaires sont difficiles à supporter, et, de manière paradoxale, à l'arrêt du traitement ! Dans ce dernier cas, alors que l'on a été soutenu, pris en charge par l'équipe soignante, sa famille, ses amis, tout s'arrête brutalement et c'est à soi de reprendre les rênes de sa vie alors que l'on ne s'en sent pas forcément capable… Une rechute expose aussi à une dépression.

La première chose à faire, c'est de reconnaître que l'on est déprimé, ce qui est souvent très difficile. Avouer que l'on est déprimé est souvent considéré comme une situation d'échec, de faiblesse.

Lorsque la dépression survient dans les circonstances énumérées ci-dessus, elle est souvent passagère. Lorsque ce n'est pas le cas, il faut identifier les facteurs qui génèrent la dépression. En parler à l'équipe soignante, au psycho-oncologue ou à quelqu'un d'autre est une première étape, elle peut répondre aux interrogations ou aux angoisses à l'origine de la dépression. Une consultation chez un psychiatre peut apporter en plus l'aide de thérapies relaxantes. Et si cela ne suffit pas, un traitement par antidépresseurs est toujours possible.

À QUI PARLER DE SES PROBLÈMES ?

Il n'est pas toujours facile de parler à un proche de ses inquiétudes, de ses angoisses, de sa tristesse. D'une part parce que se livrer ainsi ne va pas de soi, d'autre part parce qu'on a souvent peur d'inquiéter ceux que l'on aime, ou alors on les pense impuissants, on sous-estime leur capacité à remonter le moral. Réussir à évoquer ses difficultés est pourtant un premier pas, car le dialogue soulage. On peut s'adresser à une personne de son entourage, avec laquelle il est plus facile de communiquer. On peut aussi se confier à un membre de l'équipe médicale : une infirmière, un médecin... Les groupes de parole, mis en place par les associations de malades, peuvent également se révéler d'une grande aide.

Et il ne faut pas oublier le psycho-oncologue, le psychiatre... Ils sont là pour aider à gérer les angoisses et les doutes. Les motifs de consultation les plus fréquents sont les problèmes relationnels occasionnés par la maladie et les difficultés d'annonce à ses enfants par exemple, le besoin de parler autrement de ce que l'on vit en dehors du cercle de ses proches, l'angoisse du pronostic et de l'avenir... Les changements d'humeur, les modifications de son corps avec les cicatrices, la perte d'un sein pour une femme sont aussi quelques-unes des nombreuses raisons qui poussent à consulter. Insistons sur le fait que voir un « psy » ne signifie pas que l'on est fou, faible, incapable de surmonter une épreuve seul. C'est un atout supplémentaire pour améliorer sa qualité de vie, soulager une détresse morale.

QUEL EST L'INTÉRÊT D'UN GROUPE DE PAROLE POUR UN MALADE ?

Les groupes de parole rassemblent des patients qui sont malades ou qui l'ont été. Ils sont animés par un psychologue et un membre d'une équipe de soins, et ils se réunissent régulièrement.

C'est un moment où les expériences ressenties, les sentiments sont partagés entre personnes qui vivent ou ont vécu les mêmes choses. Il se révèle particulièrement intéressant lorsque l'on ne parvient pas à verbaliser ses émotions : entendre quelqu'un d'autre les formuler, avec ses mots à lui, peut aider. Les groupes de parole sont aussi des groupes d'écoute. Le partage des expériences se fait dans les deux sens. On y va pour être aidé, mais on peut également aider une autre personne en écoutant ses difficultés et en lui apportant les solutions que l'on a pu trouver. Cette interactivité peut être très enrichissante, d'autant plus qu'elle est encadrée par un psychologue. On peut ainsi réaliser un véritable travail psychologique sur soi-même.

ET D'UN GROUPE DE SOUTIEN POUR L'ENTOURAGE ?

Les groupes de soutien pour les proches sont l'équivalent des groupes de parole pour les malades. Ces derniers ne sont pas les seuls à avoir besoin d'échanger leurs ressentis ou de se faire aider par un psychologue et par des personnes qui se trouvent dans la même situation.

Le groupe rassemble donc des individus qui accompagnent un conjoint, un père, une mère, un membre de la famille ou un ami qui souffre d'un cancer. Chacun vit cette situation d'une manière différente, il peut exprimer ses angoisses, ses difficultés dans la vie quotidienne, ses interrogations concernant telle ou telle réaction de la personne malade, en particulier auprès du psychologue ou du professionnel de santé.

MALADE OU PROCHE, COMMENT VIVRE LA CULPABILITÉ ?

La culpabilité est un sentiment que l'on retrouve très fréquemment, aussi bien chez les personnes malades que chez leurs proches. Les patients se demandent souvent pourquoi ce cancer leur arrive maintenant, à eux. Ce sentiment d'injustice peut s'accompagner d'une culpabilité. C'est « sa faute », parce qu'on a fumé, on a bu, on a mal mangé ou parce qu'on a été trop stressé. Cette réaction est normale sous l'effet du choc, et trouver une cause à son cancer représente une tentative de rationaliser sa maladie. Chez les proches, le sentiment de culpabilité est aussi présent, si irrationnel soit-il. « Pourquoi lui et pas moi ? »… Les groupes de parole sont l'occasion de partager ce sentiment, de s'apercevoir que beaucoup de proches ressentent la même chose. C'est rassurant et cela permet d'estomper cette sensation inutile.

QUE SE PASSE-T-IL QUAND UN DE SES ENFANTS EST MALADE ?

Il est difficile de mettre des mots sur ce que peuvent ressentir des parents lorsque leur enfant est frappé par un cancer. L'injustice, le sentiment d'impuissance, d'avoir failli à la tâche de protéger son enfant sont légitimes. Mais il ne faut pas oublier que les enfants ont souvent des ressources et une maturité qui leur donnent la force d'affronter cette épreuve. Aux parents d'être à la hauteur de ces réactions impressionnantes, mais aussi d'être là pendant les coups de cafard et de ras-le-bol...

Attention ! Il ne faut pas pour autant oublier le reste de la famille. Il faut éviter que les frères et sœurs ne se sentent délaissés. Eux aussi peuvent bénéficier de groupes de soutien, entre enfants. La gestion de la situation familiale est délicate dans cette épreuve mais la famille peut en sortir grandie et renforcée.

COMMENT VIVRE LA MALADIE DE SES PARENTS ?

Les parents prennent soin de leurs enfants... jusqu'à ce que la situation s'inverse et que ce soit au tour des enfants de s'occuper de leurs parents. En général, cela survient lorsque la vieillesse perturbe leur autonomie. Mais dans certains cas, la situation arrive beaucoup plus tôt que « prévu », sans que l'on ait eu le temps de s'y préparer. C'est déstabilisant à la fois sur le plan psychologique – on prend conscience de la vulnérabilité de ses parents –, mais aussi sur le plan physique.

On est souvent confortablement installé, avec ses habitudes, son indépendance, dans « sa » vie. Et voilà qu'il faut l'aménager pour entourer au mieux son parent malade, ce qui semble évident lorsque l'on est proche de lui, mais cela l'est moins si les liens ne sont pas particulièrement intimes. La gestion de cette situation peut être facilitée par la présence de frères et sœurs, qui se relaient autour de la personne malade.

Quand on est encore adolescent ou en pleine construction de son existence, ce n'est pas toujours facile de faire une place à son parent. Les sentiments sont souvent contradictoires : tristesse, inquiétude, envie d'aider et de prendre en charge son père ou sa mère, mais aussi injustice ressentie à l'idée d'être freiné dans ses projets, et en même temps remords d'avoir ces pensées égoïstes... Parler de ce que l'on ressent, de la manière dont on envisage les choses, est sans doute le meilleur moyen d'aborder la question. Le dialogue et la compréhension peuvent permettre à chacun de comprendre le point de vue de l'autre. Même si, dans les faits, c'est parfois loin d'être aussi simple...

CHAPITRE VII
LES QUESTIONS PRATIQUES,
SOCIO-PROFESSIONNELLES ET FINANCIÈRES

L e cancer, outre les difficultés provoquées par l'altération de l'état de santé, est source d'autres soucis plus
matériels, mais parfois très angoissants également. Heureusement, en France, l'assurance maladie prend en charge tous
les frais de soins liés à la maladie.

Les problèmes sociaux rencontrés sont très variables d'une
personne à l'autre et se faire aider par l'assistante sociale du
service hospitalier ou de la mairie permet de résoudre au
mieux les difficultés afin qu'elles ajoutent le moins possible
à l'épreuve purement médicale.

QUELLE PRISE EN CHARGE EST EFFECTUÉE PAR L'ASSURANCE MALADIE ?

Le cancer fait partie des maladies graves qui sont prises en
charge à 100 %. C'est ce que l'on appelle une « affection de
longue durée » (ALD) : tous les soins qui s'y rapportent
pendant le traitement et le suivi sont pris en charge sur la
base du tarif fixé par la Sécurité sociale. Ces soins comprennent les hospitalisations, les consultations médicales,
les chimiothérapies et les autres traitements. Les examens

complémentaires et les soins infirmiers ou de kinésithérapie sont également pris en charge. Les frais de transport, pour se rendre à l'hôpital ou à la clinique, peuvent également être remboursés sous réserve qu'ils soient justifiés. Depuis janvier 2008, un dispositif de "franchise médicale" laisse aux patients, même en ALD, la charge d'une partie des frais de santé, soit 0,50 euros par boîte de médicaments et par acte médical, ainsi que 2 euros pou les transports. Le plafond annuel de cette franchise s'élève à 50 euros par personne. Seuls les bénéficiaires de la CMU, les moins de 18 ans et les femmes enceintes sont exonérés de cette franchise. En cas d'exigences particulières, comme le choix d'un établissement de santé loin du domicile ou d'un médecin exerçant en honoraires libres, une partie des frais est à la charge du patient.

QUELLES DÉMARCHES FAUT-IL FAIRE POUR BÉNÉFICIER D'UNE PRISE EN CHARGE « AFFECTION LONGUE DURÉE » (ALD) ?

Le médecin effectue les démarches administratives pour obtenir une prise en charge à 100 %. Il remplit dans ce but un formulaire spécial (le PIRES, ou protocole inter-régime d'examen spécial), qu'il faut adresser au médecin conseil de la CPAM, la Caisse primaire d'assurance maladie. Lorsque la demande est acceptée, le patient bénéficie d'une nouvelle attestation qui justifie la situation et précise la durée de la prise en charge. Il faut actualiser sa carte Vitale dans une borne de la CPAM ou des hôpitaux.

QUE PREND EN CHARGE LE 100 % ?

Tous les soins liés à l'hospitalisation sont pris en charge à l'exception du forfait hospitalier, une somme correspondant aux frais d'hébergement et d'entretien. Ce forfait est à régler à la sortie de l'hôpital, au service des admissions. Selon la mutuelle et le contrat choisi, il peut être pris en charge en partie ou totalement. Une chambre particulière, un lit d'accompagnement ou la télévision ne sont pas pris en charge mais ils peuvent être couverts par certaines mutuelles.

En ce qui concerne les transports, le médecin détermine le mode le plus économique et adapté à l'état de santé. Sauf en cas de situation urgente, un accord avec la Caisse d'assurance maladie – appelé « entente préalable » – est obligatoire pour tous les déplacements de plus de 150 km aller, les transports en série de plus de 4 km, pour un même traitement, vers un lieu éloigné de plus de 50 km aller, pendant une période de deux mois, ou encore pour les transports en avion ou en bateau.

COMMENT EST COMPENSÉE LA PERTE DE SALAIRE ?

L'assurance maladie verse des indemnités journalières qui compensent en partie la perte de salaire résultant de l'arrêt de travail. Des organismes de prévoyance ou certaines conventions collectives peuvent compléter la perte de salaire non compensée par l'assurance maladie. Les démarches à effectuer pour toucher les indemnités journalières consistent à envoyer à la CPAM l'arrêt de travail rédigé par le médecin dans les 48 heures qui suivent la date de l'interruption de travail. Il en va de même pour tous les arrêts, y compris ceux qui prolongent l'arrêt initial. Il est aussi possible d'utiliser le bulletin d'hospitalisation, remis à la fin du séjour hospitalier. L'employeur doit être prévenu dès le premier jour, dans le cas inverse c'est considéré comme une faute professionnelle.

Mais pour bénéficier de ces indemnités, il faut avoir travaillé un certain nombre d'heures ou avoir atteint un certain montant de cotisation. Si l'arrêt de travail est d'une durée inférieure à 6 mois, il faut également joindre une attestation de l'employeur, certifiant que 200 heures de travail salarié ou assimilé ont été effectuées dans les 3 mois qui ont précédé l'arrêt de travail. Si la durée de l'arrêt est supérieure à 6 mois, il faut une attestation mentionnant que 800 heures de travail au moins ont été effectuées dans les 12 mois précédant l'arrêt, dont 200 heures lors du premier trimestre de l'année considérée.

Les indemnités journalières sont versées à partir du quatrième jour d'arrêt (ces trois jours sans indemnités constituent le délai de carence, qui n'est effectif que pour l'arrêt de travail initial). La période de versement s'étend de 6 mois à 3 ans, selon les cas, et les indemnités ne sont pas imposables.

COMMENT S'EN SORTIR FINANCIÈREMENT ?

Le délai de carence, l'avance de certains frais – comme les frais de transport ou la nécessité d'avoir recours à des aides ménagères – peuvent créer de véritables difficultés financières et il est légitime de s'en préoccuper et de faire appel aux aides sociales légales qui existent.

La Sécurité sociale peut aider les personnes qui sont en difficulté financière grâce à un fonds d'action sociale créé dans ce but. Pour savoir s'il est possible d'en bénéficier, il faut se renseigner auprès de l'assistante sociale (il y en a une dans chaque centre de Sécurité sociale). Elle peut conseiller et guider le patient dans ses démarches, que ce soit pour aider à l'achat de matériel non remboursé ou pour obtenir des facilités bancaires. Les mairies et certains hôpitaux organisent également des consultations sociales et il ne faut pas hésiter à se renseigner et à y assister. Autres endroits intéressants : les centres d'action sociale, le Centre de documentation et d'information de l'assurance qui propose une base d'informations consistante. Dans tous les cas, il ne faut pas se laisser abattre : des solutions existent, et pour savoir s'il est possible de bénéficier de ces aides, mieux vaut passer par des spécialistes de ces questions, à savoir les assistantes sociales.

QUE SE PASSE-T-IL LORSQUE L'ON EST AU CHÔMAGE ?

Lorsque l'on est demandeur d'emploi, il faut envoyer son arrêt de travail à la Caisse d'assurance maladie et aux Assedic, les associations pour l'emploi dans l'industrie et le commerce. Un justificatif de l'inscription à l'ANPE – l'Agence nationale pour l'emploi –, des droits aux allocations des Assedic si nécessaire, ainsi que les derniers bulletins de salaire doivent être joints à l'arrêt de travail. La CPAM étudie ensuite le droit aux indemnités journalières et calcule leur montant en fonction des derniers salaires perçus avant le chômage.

FAUT-IL PARLER DE SA MALADIE À SON EMPLOYEUR ?

L'employeur doit être averti dès le premier jour de l'arrêt de travail. Cette démarche permet d'entretenir de bonnes relations et de faciliter la reprise du travail lorsqu'elle sera possible. Elle est aussi utile à l'employeur si la durée de l'arrêt est longue et que le travail de l'entreprise doive être réorganisé. Mais avertir son employeur est surtout une obligation légale car le fait de ne pas le prévenir est une faute professionnelle susceptible d'entraîner des sanctions disciplinaires et parfois même un licenciement « pour cause réelle et sérieuse ».

En aucun cas, il n'est obligatoire de préciser la nature de sa maladie. Si l'employeur la demande, le secret médical garantit la confidentialité de cette information. Cependant, on peut la deviner à partir de certains indices : la spécialité du médecin qui signe l'arrêt de travail, le type d'établissement dans lequel les soins ont lieu…

Entrer en contact avec le médecin du travail de l'entreprise est également recommandé. Il sera plus à même, par la suite, d'adapter la tâche et les horaires du convalescent ou de la convalescente s'il est prévenu suffisamment tôt. Certaines entreprises proposent aussi les services d'une assistance sociale qu'il peut être judicieux de consulter.

PEUT-ON EN PARLER À SES COLLÈGUES ?

C'est là un choix personnel, tout dépend de la nature des relations que l'on entretient avec eux. Certains patients gardent des liens pendant toute la durée de leur maladie, afin de rester en contact avec leur milieu professionnel et parfois tout simplement parce que les collègues sont aussi des proches. Cela peut faciliter la reprise du travail. Si les relations sont impersonnelles, froides, il est difficile d'aborder un sujet intime. Il faut aussi savoir que les réactions des collègues se révèlent parfois étonnantes, des plus négatives aux plus agréables.

PEUT-ON CONTINUER À TRAVAILLER APRÈS UN CANCER ?

Il est tout à fait possible de se remettre à travailler très rapidement. En réalité, la reprise du travail se fait dans des délais très variables, en fonction de l'état de santé, du type de traitements, de leur retentissement. Elle est à adapter au cas par cas et elle prend également en compte le souhait de la personne malade et le caractère plus ou moins éprouvant de son métier.

Certains patients sont capables physiquement de recommencer à travailler très vite, y compris pendant les cures de chimiothérapie. Cela permet de conserver des relations sociales, de ne pas se couper de la vie « hors les murs » et de ne pas toujours penser à sa maladie. Mais pour d'autres malades, le cancer est trop invalidant, ils préfèrent prendre leur temps.

EN CAS DE REPRISE DU TRAVAIL, EXISTE-T-IL DES AMÉNAGEMENTS ?

À la fin de l'arrêt de travail, deux possibilités s'offrent au patient : soit il reprend son activité à temps complet, soit il bénéficie d'un mi-temps thérapeutique. Le médecin du travail de l'entreprise doit obligatoirement être rencontré dans les 8 jours qui suivent le retour sur le lieu de travail, pour une visite de reprise du travail. Si l'on reprend son activité à temps complet, le médecin rédige un certificat médical de reprise de travail, à la date duquel les indemnités journalières cessent d'être versées. En cas de mi-temps thérapeutique, il est vivement conseillé de contacter la médecine du travail. Une « visite de préreprise » est alors planifiée (elle peut d'ailleurs aussi être demandée par l'employeur, le médecin traitant ou le médecin conseil de la CPAM). Cette visite a pour but de rendre plus facile la réintégration sociale et professionnelle.

COMMENT SE PASSE UN MI-TEMPS THÉRAPEUTIQUE ?

La reprise à temps partiel, aussi appelée mi-temps thérapeutique, fait l'objet d'une prescription médicale : le médecin du travail demande un « avis d'aptitude » à la reprise à temps partiel, qui est transmis à la CPAM. C'est l'employé qui doit en informer son employeur, en sachant que celui-ci peut refuser ce temps partiel. S'il l'accepte, l'employeur verse alors le salaire correspondant au temps partiel travaillé et l'autre moitié est versée sous forme d'indemnités journalières par la caisse d'assurance maladie. La durée d'un mi-temps thérapeutique est de 3 mois, renouvelable sur une durée maximale de 3 ans. Une prescription médicale est obligatoire à chaque fois.

ET SI LE POSTE DE TRAVAIL N'EST PLUS ADAPTÉ À L'ÉTAT DE SANTÉ ?

Cela peut arriver lorsque des séquelles persistent. La visite de préreprise à la médecine du travail sert également à déterminer quels aménagements peuvent être envisagés s'ils se révèlent nécessaires. Une demande de « reclassement professionnel » peut être effectuée auprès de la Commission des droits et de l'autonomie des personnes handicapées (CDAPH), qui a remplacé la Cotorep, Commission technique d'orientation et de reclassement professionnel. La CDAPH est située à présent dans les Maisons départementales du handicap. En fonction de l'âge, des compétences, du handicap physique, du niveau scolaire, etc., la CDAPH détermine quelle nouvelle orientation professionnelle est possible. Elle peut faire bénéficier de formations ou de stages parfois rémunérés et reconnus ensuite sous forme de diplôme.

Un dossier administratif et médical doit être envoyé à la CDAPH du département pour bénéficier d'un reclassement professionnel, de l'aide d'une assistante sociale pouvant faciliter ces démarches. La CDAPH gère également les allocations aux adultes handicapés de plus de 20 ans dont le taux d'incapacité est compris entre 50 et 80 %.

PEUT-ON ÊTRE LICENCIÉ À CAUSE D'UNE ABSENCE POUR MALADIE ?

La maladie ne peut pas être la cause directe d'un licenciement, les personnes malades sont en effet protégées par la loi contre les discriminations liées à l'état de santé. Celui-ci, tout comme la présence de séquelles, ne peut donc pas justifier un licenciement. À cette restriction près : quand l'employé n'est plus apte à assumer son emploi. C'est le médecin du travail qui détermine cette aptitude et peut envisager des aménagements de poste. Il est conseillé de consulter le comité d'entreprise, les délégués du personnel ou le comité d'hygiène, de sécurité et des conditions de travail avant de prendre la décision d'un aménagement conséquent de son poste de travail.

En revanche, le risque d'être licencié à cause d'une absence prolongée ou d'absences répétées existe lorsque ces absences mettent en péril l'organisation du service et gênent son bon fonctionnement. Il est possible de se renseigner au sein de son entreprise sur le risque d'un tel licenciement, grâce à la convention collective de celle-ci. Cette convention est disponible dans l'entreprise ou à l'inspection du travail du département. Dans tous les cas, l'employeur a l'obligation d'essayer de reclasser son employé, que ce soit à l'intérieur ou à l'extérieur de l'entreprise. Il doit pouvoir prouver que tout a été mis en œuvre pour trouver un emploi adapté à l'employé. Dans le cas contraire, le licenciement est considéré comme abusif, sans cause sérieuse ni réelle.

QUE SE PASSE-T-IL S'IL N'EST PAS POSSIBLE DE REPRENDRE SON TRAVAIL ?

Les indemnités journalières peuvent être versées au maximum sur une durée de 3 ans. Si la reprise du travail n'est toujours pas possible à ce moment-là, il est possible d'effectuer une demande de pension d'invalidité auprès de la Caisse primaire d'assurance maladie. Certains critères sont indispensables : être âgé de moins de 60 ans, avoir été rattaché à un régime d'assurance sociale pendant au moins 12 mois, avoir travaillé un certain nombre d'heures. Par ailleurs, un certificat médical doit être envoyé au médecin conseil de la CPAM qui examinera le dossier et décidera de reconnaître ou non l'existence d'une invalidité, et d'attribuer ou non la pension afférente. Celle-ci n'a pas de caractère permanent et elle peut être diminuée, suspendue ou supprimée après réévaluation du dossier par le médecin conseil. Si la pension d'invalidité est refusée, une procédure de recours peut être entamée. Dans certains cas, un fonds spécial d'invalidité peut aider à compléter les revenus.

QU'EST-CE QUE LA RETRAITE POUR INAPTITUDE AU TRAVAIL ?

Il est possible de bénéficier d'une « retraite pour inaptitude au travail » à partir de 60 ans. Un dossier doit être rempli par le médecin traitant, après avis du médecin du travail, et envoyé au médecin conseil de la CPAM qui accorde ou non cette retraite. En cas d'aggravation de l'état de santé, entre 60 et 65 ans, il est possible de bénéficier aussi d'une allocation spécifique lorsque les gestes de la vie quotidienne ne sont plus réalisables. Cette « majoration pour une tierce personne » permet de rémunérer en partie une auxiliaire de vie, une garde à domicile ou un membre de la famille.

DE QUELLES AIDES EST-IL POSSIBLE DE BÉNÉFICIER ?

Une aide à domicile peut se révéler indispensable. Il faut savoir que certaines sont payantes, d'autres sont prises en charge grâce à une prescription médicale. La majoration pour une tierce personne, décrite à la question précédente, peut également aider les malades de moins de 60 ans, lorsqu'ils ont droit à une pension d'invalidité. Si ce n'est pas le cas, une demande d'allocation compensatrice pour une tierce personne, soumise à conditions de ressources, peut être effectuée auprès de la CDAPH du département. À plus de 65 ans, une allocation personnalisée d'autonomie peut être versée par le conseil général, pour une durée de 3 ans renouvelable. Son montant dépend de la perte d'autonomie constatée, elle n'est pas soumise aux plafonds de ressources mais une participation financière peut être demandée au-delà d'un certain revenu. Les services pris en charge correspondent à l'hospitalisation à domicile et aux services de soins infirmiers à domicile (SIAD) qui assurent, en plus des soins infirmiers, la toilette et les soins du corps. Une dérogation du médecin conseil est nécessaire si le patient est âgé de moins de 60 ans. Pour les services payants : aide à domicile qui effectue les tâches quotidiennes comme le ménage, les courses, la cuisine, etc., une participation financière est demandée selon les ressources et il est intéressant de se renseigner auprès de sa mutuelle qui propose parfois ce type d'aide au retour à domicile. La garde à domicile peut être présente le jour comme la nuit, mais les frais sont à la charge du patient. Pour l'auxiliaire de vie qui apporte une aide dans les tâches quotidiennes, certains organismes sociaux prennent parfois en charge les frais. Des repas peuvent être livrés à domicile dans certains endroits. Le plus judicieux est d'en parler avec une assistante sociale, la mieux placée pour aider à trouver l'aide la plus appropriée.

PEUT-ON OBTENIR UN PRÊT APRÈS UN CANCER ?

Il est souvent difficile pour un patient d'obtenir un prêt financier car les compagnies d'assurances peuvent refuser de l'assurer. Or il faut savoir que pour bénéficier d'un prêt, celui-ci doit être assuré systématiquement par un contrat dont l'objectif est de protéger la personne qui fait l'emprunt ainsi que sa famille si une difficulté majeure survient, comme une invalidité ou un décès. Obtenir un taux d'assurance acceptable lorsque l'on a une maladie grave relève parfois du parcours du combattant. Les assurances, après avoir fait examiner par un médecin le dossier médical du demandeur, peuvent ajourner, refuser, accepter d'assurer mais souvent avec une « surprime », liée à l'augmentation du risque par la maladie ou les traitements.

Heureusement, depuis le 19 septembre 2001, la convention Belorgey, devenue depuis juin 2006 la convention AERAS (Assurer et emprunter avec un risque aggravé de santé), a nettement amélioré la situation afin de faciliter les possibilités d'emprunt et de réviser les conditions d'assurance.

Lors de sa campagne, Nicolas Sarkozy s'est engagé à ce que les malades puissent être assurés comme les autres.

QUELLES DÉMARCHES FAUT-IL FAIRE DANS LE BUT D'OBTENIR UNE ASSURANCE POUR UN EMPRUNT BANCAIRE ?

Pour obtenir une assurance pour un prêt, après un cancer, on doit rassembler un certain nombre de pièces et constituer un dossier pour la compagnie d'assurances. Il faut ainsi fournir une série de renseignements sur sa situation professionnelle et personnelle : des documents justifiant des revenus, de l'ancienneté dans l'emploi, des crédits en cours, ainsi qu'un questionnaire médical. Ce dossier est examiné par le médecin conseil de la compagnie d'assurances qui évalue les risques provoqués par l'état de santé de l'emprunteur. C'est lui qui décide d'accepter ou non l'assurance qui couvre le prêt bancaire.

Il faut savoir se montrer tenace, ne pas abandonner à la première réponse négative et consulter plusieurs établissements. Certaines compagnies acceptent un prêt avec un tarif normal, d'autres proposent des conditions particulières, avec des produits spécialement conçus pour les personnes qui ont eu un cancer. C'est par exemple le cas de prêt avec une surprime dégressive et limitée dans le temps. L'effort financier coïncide ainsi avec la diminution du risque de récidive et, peu à peu, la surprime disparaît.

Les compagnies peuvent opposer au demandeur un refus temporaire. Dans ce cas, le prêt est ajourné et la demande est à reformuler plus tard. Si la demande d'assurance est refusée de façon définitive, elle est examinée à nouveau et de manière automatique par un second dispositif d'assurance, dit de « deuxième niveau ». En cas de nouveau refus, motivé par un risque de santé très grave, les assureurs sont dans l'obligation de vérifier qu'aucune possibilité n'a été négligée. Ce « risque très aggravé » est traité par un bureau particulier, le Bureau commun d'assurances collectives.

Afin d'assister les personnes en quête d'assurance, la Ligue contre le cancer a mis en place une structure : AIDEA (Accompagnement et information pour le droit à l'emprunt et à l'assurabilité). Des conseillers techniques, puis des médecins oncologues spécialisés, assistent les personnes à risque aggravé en quête d'assurance avant un emprunt. Ils les accompagnent, les conseillent, les aident à constituer leur dossier, les orientent, afin de faciliter leur parcours.

En cas de refus non motivé, plusieurs solutions sont possibles : faire jouer la concurrence entre les banques et les assurances, faire appel à un courtier pour chercher une assurance à un taux correct, prendre contact avec le médecin conseil de l'assurance *via* son médecin traitant, avoir recours à l'assurance collective de son entreprise ou au « 1 % patronal » (il s'agit d'un prêt employeur : en France, tout employeur participe pour les entreprises de plus de dix personnes au financement de logements. Les salariés peuvent donc bénéficier de cet avantage), mettre une hypothèque sur ses biens, enfin contacter des associations spécialisées pour se faire aider.

UN PROCHE PEUT-IL BÉNÉFICIER D'UN CONGÉ PARTICULIER EN CAS DE SOINS PALLIATIFS ?

Une personne salariée peut bénéficier d'un congé de solidarité familiale et s'arrêter de travailler pour s'occuper d'une personne proche ou de son enfant, lorsque le malade fait l'objet de soins palliatifs.

Ce congé n'est pas rémunéré, il est d'une durée de 3 mois, qu'il est possible de renouveler une fois. Il faut effectuer la demande auprès de son employeur par lettre recommandée, avec accusé de réception, au moins 2 semaines avant le début du congé. Un certificat médical certifiant que la personne malade dont le salarié va s'occuper est en soins palliatifs doit être joint à cette demande. Si l'employeur est d'accord, ce congé peut être effectué sous la forme d'une activité à temps partiel. Mais aucune autre activité professionnelle ne peut être exercée pendant cette période. Le congé de solidarité familiale prend fin au bout des 3 mois (ou des 6 mois si le congé a été renouvelé) ou plus tôt selon le choix. Le décès de la personne malade oblige à reprendre son activité dans les 3 jours qui suivent.

L'entreprise garantit le retour au même poste de travail qu'avant le congé, ou à un poste similaire. La rémunération est équivalente, les congés prévus pour des événements familiaux ne sont pas remis en question par le congé de solidarité et tous les avantages acquis avant ce congé restent valables.

QUELS CONGÉS PEUVENT PRENDRE LES PARENTS D'UN ENFANT MALADE QUI N'EST PAS EN SOINS PALLIATIFS ?

Plusieurs possibilités s'offrent aux parents d'un enfant malade lorsqu'ils doivent ou veulent s'arrêter de travailler pour s'occuper de lui. Pour connaître la solution la plus adaptée, il est intéressant de se renseigner auprès de l'assistante sociale de l'hôpital ou de la clinique, auprès de son employeur et de consulter la convention collective de son entreprise. Lorsqu'un enfant de moins de 16 ans est malade, un employé bénéficie de 3 jours seulement de congé par an, au maximum 5 si l'enfant est âgé de moins d'un an ou s'il y a 3 enfants à charge. Un certificat médical doit justifier cette absence.

L'allocation journalière de présence parentale permet aux parents d'un enfant gravement malade et âgé de moins de 20 ans de bénéficier d'un congé de présence parentale, sous forme d'absences (310 jours ouvrés), indemnisées par des allocations journalières de présence parentale, à prendre au cours d'une période maximale de droits de 3 ans, en fonction des besoins de l'enfant. L'employeur doit être averti par lettre recommandée avec accusé de réception, au minimum un mois avant le début du congé. Le poste de travail est garanti, ou il est similaire, ainsi que le salaire.

Autre possibilité : le congé sans solde. Il est non rémunéré et nécessite l'accord de l'employeur. La durée de ce congé sans solde est déterminée par les deux parties et l'employé récupère son travail à la fin du congé. Le congé sabbatique est également une solution dans certains cas. Il faut avoir travaillé au minimum 3 ans dans son entreprise et justifier d'une expérience professionnelle de 6 ans. La durée du congé sabbatique peut s'étendre de 6 à 11 mois, il n'est pas rémunéré et il ne met pas un terme au contrat de travail. L'employeur est tenu de l'accepter mais il a la possibilité de le reporter à plus tard.

DE QUELLES AIDES PEUT BÉNÉFICIER UN ENFANT MALADE ?

La famille d'un enfant atteint de cancer peut bénéficier d'une allocation d'éducation spéciale, ou AES. Pour cela, l'enfant doit être reconnu « handicapé » à cause d'une maladie grave qui l'invalide de façon temporaire, ce qui est le cas d'un cancer. L'AES est accordée par la commission départementale d'éducation spéciale pour une durée déterminée et elle est renouvelable en fonction des traitements et des séquelles laissées par la maladie. L'allocation est versée chaque mois à la famille, par la Caisse d'allocations familiales ou la Mutuelle sociale agricole, et ce, dès le premier mois où la demande est acceptée. Elle n'est pas soumise à des conditions de ressources et elle concerne les enfants jusqu'à l'âge de 20 ans. Le montant de cette allocation peut être complété si un des parents a réduit ou cessé son travail, si une personne rémunérée est employée, ou si les dépenses engagées pour la santé de l'enfant atteignent un certain montant.

Une maladie comme le cancer peut empêcher de suivre une scolarité normale mais il est essentiel de maintenir le contact avec l'établissement scolaire ou de prendre des cours au sein de l'hôpital où est suivi l'enfant. Dans certains endroits, des enseignants spécialisés sont responsables d'un programme adapté au petit malade, les examens peuvent être passés dans l'établissement de soins, avec un délai supplémentaire si nécessaire. Lorsque c'est possible, la scolarité est reprise à la sortie de l'hôpital, avec des transports individuels si l'état de santé de l'enfant le nécessite. Des cours à domicile ou par correspondance sont également proposés, si la reprise d'une scolarité normale est difficile.

CHAPITRE VIII
L'AVENIR, LES ESPOIRS

Guérir le cancer… Un vieux rêve que caressent les chercheurs, un espoir monumental pour les 10 millions de patients atteints par cette maladie dans le monde. Aujourd'hui, les techniques de génétique et de biologie moléculaire mettent toutes leurs armes au service de la recherche et de la lutte contre le cancer. Les médecins et les chercheurs du monde entier se mobilisent contre ce fléau médical, social et avant tout humain. Le point sur les thérapies géniques, le vaccin, les nouveaux traitements…

QUE PROPOSE LA RECHERCHE ?

La recherche est un vaste terme qui englobe plusieurs notions. Elle passe d'abord par une première étape, la recherche fondamentale. Celle-ci est essentielle pour déterminer et approfondir les connaissances scientifiques qui donneront vie à de nouveaux projets de traitements ou de diagnostic. C'est là qu'entre en scène la recherche clinique. C'est elle qui valide ces idées, ces progrès grâce aux tests, aux essais, dans les laboratoires et chez les malades.

Ces deux types de recherche sont complémentaires et indispensables l'une à l'autre mais elles ne fonctionnent pas de la même façon. La recherche clinique est centrée sur les patients, elle est faite au sein des hôpitaux publics universitaires et des grands centres de cancérologie. Elle travaille en collaboration avec les industries pharmaceutiques pour mettre au point les nouveaux médicaments. La France privilégie la « coordination des soins », les réseaux de soins, tout en tentant de donner de nouvelles impulsions à certains domaines : la recherche clinique, la génétique (pour mieux comprendre les mécanismes initiaux de la maladie) et l'épidémiologie, qui étudie les liens entre l'environnement, l'alimentation et le cancer.

La recherche fondamentale, elle, est menée par les grands laboratoires ou de grands organismes de recherche comme l'INSERM – l'Institut national de la santé et de la recherche médicale – ou le CNRS – le Centre national de la recherche scientifique. En France, hélas, les chercheurs se heurtent à de grandes difficultés en termes de moyens techniques et surtout financiers. Les « cerveaux » français fuient notre pays pour d'autres plus accueillants, plus riches, plus stimulants.

Où en sont les thérapies géniques dans le cancer ?

Plusieurs centaines de thérapies géniques ont été étudiées dans le monde, dont plusieurs dizaines en France. Mais les résultats dans le domaine du cancer, à l'heure actuelle, sont plutôt décevants, et cette technique reste encore purement expérimentale.

Qu'est-ce qu'un vaccin contre le cancer ?

Le principe de la vaccination consiste à rendre un organisme capable de se défendre seul contre une agression.

Actuellement, les vaccins sont utilisés contre des maladies infectieuses, chez des gens qui ne sont pas malades et que l'on veut protéger contre une infection. Les vaccins apprennent donc aux défenses immunitaires à détruire un microbe, un virus ou une bactérie, lorsqu'ils attaquent l'organisme.

Dans le cadre du cancer, c'est très différent : il s'agit d'aider le corps à lutter contre cette maladie grâce à son système immunitaire. Le vaccin contre le cancer concerne des gens qui sont déjà atteints par la maladie, il n'a donc pas grand-chose à voir avec les vaccins classiques contre les maladies infectieuses que nous connaissons. En aucun cas, il ne s'agira d'un vaccin préventif contre le cancer lui-même, que l'on pourrait administrer à toute une population pour la protéger des cancers. Le principe du vaccin contre le cancer repose sur une constatation : les défenses immunitaires ne parviennent pas à reconnaître la tumeur comme « étrangère » au corps, nocive. Elles ne peuvent donc pas l'attaquer puisqu'elles n'ont pas conscience de sa présence. L'objectif est donc de rendre les cellules cancéreuses plus « visibles », afin que le système immunitaire du patient puisse les détruire. Il existe actuellement diverses techniques dont certaines sont prometteuses (dans le cancer du rein, de la prostate ou le mélanome) mais elles sont encore au stade expérimental.

QU'EN EST-IL DU VACCIN CONTRE LE RISQUE DE CANCER DU COL DE L'UTÉRUS ?

Bien différent est le principe du vaccin permettant de prévenir les cancers du col de l'utérus. Il s'agit en effet d'un vaccin, non pas contre le cancer lui-même, mais contre un virus, le papillomavirus, qui est la cause de la majorité des cancers du col.

Le cancer du col de l'utérus tue chaque année 1 000 femmes en France et en touche plus de 3 000. Deux chiffres heureusement en baisse grâce à la pratique de plus en plus répandue du frottis. Il est en particulier provoqué par un type de virus, les HPV ou *human papillomavirus*, qui font partie des principales infections sexuellement transmissibles. Il existe plusieurs types de HPV mais certains d'entre eux exposent plus au risque de cancer : ce sont les types 16 ou 18. Une infection par le HPV est relativement fréquente chez les femmes jeunes lors des premiers rapports et si 8 fois sur 10 le corps parvient à se débarrasser spontanément de l'infection, dans les autres cas celle-ci évolue pendant des mois ou des années. Elle peut alors déboucher sur des lésions précancéreuses, appelées dysplasies (anomalies des cellules, décelées par le frottis vaginal). Les dysplasies, qui peuvent être plus ou moins sévères, peuvent en l'absence de traitement évoluer vers un cancer. D'où la nécessité, par sécurité, de les traiter : destruction par laser, ou encore ablation chirurgicale de segment du col infecté. Les recherches ont donc porté sur la mise au point d'un vaccin qui protégerait les femmes contre deux types de papillomavirus, les HPV 16 et 18, lesquels sont à l'origine des deux tiers des cancers du col de l'utérus à travers le monde. Les études ont prouvé leur efficacité dans l'immunisation (l'acquisition de défenses immunitaires contre ces virus) des jeunes filles et des femmes qui ont été traitées. Un autre vaccin protège aussi contre deux autres virus supplémentaires (HPV 6 et 11, en plus de 16 et 18). En France, le vaccin est réalisé à l'âge de 14 ans, avant les premiers rapports sexuels. Un rattrapage est possible jusqu'à 23 ans pour les jeunes femmes ayant des relations sexuelles depuis moins d'un an.

Autre point intéressant : les papillomavirus ne sont pas seulement en cause dans les infections du col de l'utérus mais également dans celles de la vulve ou du vagin (qui favorisent là encore la survenue de cancers). Le vaccin assurerait aussi une protection contre ces deux cancers, moins fréquents mais délicats à traiter. Attention, ce vaccin ne saurait à lui seul prévenir tous les cancers provoqués par les HPV : le dépistage par frottis reste essentiel !

EXISTE-T-IL DE NOUVEAUX MÉDICAMENTS, DE NOUVEAUX EXAMENS ?

La cancérologie est un domaine très dynamique, et l'innovation thérapeutique est une de ses pierres angulaires. Les techniques d'imagerie sont le premier pas vers un meilleur diagnostic et une meilleure prise en charge. Elles sont de plus en plus performantes (on peut citer le PET-scan) et elles permettent de mieux localiser les cellules cancéreuses afin de mieux les détruire. Chaque année, on constate également des avancées aussi bien dans les traitements que dans la qualité de vie des malades soignés. Une fois franchies les étapes de recherche et de validation des protocoles de recherche, ces innovations sont accessibles à tous les patients, au sein des établissements de soins traditionnels. Des médicaments complètement nouveaux sont apparus ces dernières années, pour d'autres les études sont déjà bien avancées. La plus grande originalité de ces nouveaux traitements réside dans le fait qu'ils sont plus « intelligents », mieux adaptés à chaque personne malade, plus ciblés pour chaque type de cancer, par exemple en rétablissant le signal qui est spécifiquement déréglé dans tels ou tels types de cellules cancéreuses. Ce sont donc des traitements qui seront capables de ne s'attaquer qu'aux cellules cancéreuses en épargnant les cellules non malades. Mais à l'heure actuelle, ils sont encore très limités. Ils sont actifs sur un petit nombre de cancers, alors que les anciens traitements étaient utilisés dans de nombreux cas à cause d'un mode d'action plus général sur toutes les cellules. Citons l'Herceptin, médicament bien ciblé, très actif dans certains cancers du sein dont un signal (HER2) est anormal, produisant une croissance incontrôlée de la cellule.

Un autre médicament, le Glivec, permet de mettre en rémission complète certaines formes de leucémie myéloïde chronique et de les empêcher de devenir aiguës.

Tous ces médicaments, il faut le savoir, sont plus coûteux que les traitements classiques, mais ils représentent beaucoup d'espoir, et on peut penser qu'une ère nouvelle dans les traitements du cancer, grâce aux progrès impressionnants dans toutes les disciplines, s'ouvre devant nous.

QU'EST-CE QUE LES TRAITEMENTS CONTRE L'ANGIOGENÈSE ?

Ces traitements, particulièrement prometteurs, font appel à des mécanismes nouveaux. Ils ne s'attaquent pas directement à la tumeur mais ils privent le cancer de ce qui lui est vital : les vaisseaux sanguins qui le nourrissent. Aujourd'hui, on comprend mieux comment une tumeur fonctionne et réussit à se développer. Elle a une grande potentialité à mobiliser de nombreuses ressources pour se multiplier chaque fois un peu plus. Lorsqu'il atteint une certaine taille, le cancer a besoin de plus en plus de nutriments et d'oxygène pour assurer sa prolifération et son développement dans d'autres organes du corps. C'est le sang qui apporte ces éléments essentiels, mais les vaisseaux sanguins initialement présents deviennent vite insuffisants. La tumeur doit donc augmenter l'apport sanguin et pour cela, elle stimule la formation de nouveaux vaisseaux : c'est ce que l'on appelle l'angiogenèse. La tumeur se crée ainsi son propre réseau de vaisseaux pour pouvoir grossir et envahir l'organisme. La découverte de ce mécanisme permet donc de penser que, en empêchant la formation de ces nouveaux vaisseaux, on prive la tumeur de ce qui est essentiel à son développement, et donc on freine celui-ci en l'« affamant ». Privée d'énergie, la tumeur finirait par se détruire. Seuls quelques médicaments sont ainsi utilisés, notamment dans le traitement du cancer colorectal. Mais de nombreux traitements sont en cours d'évaluation, contre de plus en plus de cancers (comme le cancer du sein...) du poumon, du rein, de l'ovaire ou du pancréas. Et de nombreuses publications révèlent à quel point cette voie de recherche est pleine d'espoirs.

QUAND GUÉRIRA-T-ON DU CANCER ?

Depuis plus de vingt ans, des victoires ponctuent régulièrement la lutte contre les cancers. Les taux de guérison augmentent chaque année un peu plus et concernent de plus en plus de types de cancers différents. Celui du testicule, de l'ovaire, certaines leucémies, certains cancers du poumon même ! Les spécialistes l'affirment : un jour on guérira du cancer. La médecine fait des progrès considérables et réguliers mais elle doit affronter des ennemis redoutables : la grande variété des cancers, leurs mécanismes complexes et surtout la rapidité d'évolution du nombre de cancers ; on estime que leur nombre est multiplié par 2 tous les vingt ans environ. Il faudra donc du temps pour parvenir à maîtriser cette progression, encore deux ou trois générations, peut-être plus, mais les chercheurs et les médecins arriveront à leurs fins.

Aujourd'hui, de grands moyens techniques, financiers, scientifiques sont développés dans le monde entier pour lutter contre le cancer. Les actions entreprises ne concernent pas seulement les traitements, elles luttent également en amont de la maladie, au moment où elle n'est même pas encore apparue. La prévention reste le meilleur moyen d'échapper au cancer, et de gros progrès peuvent encore être réalisés dans ce domaine, grâce à une meilleure information de la population. Le dépistage n'est pas en reste puisqu'il améliore de manière considérable le pronostic de cette affection et offre des chances exceptionnelles de guérison. En continuant à avancer dans tous ces champs d'intervention, les hommes auront un jour le dessus sur le cancer. Plus qu'un espoir, c'est une certitude pour de nombreux professionnels, et aussi pour beaucoup de personnes malades.

GLOSSAIRE

Ablation : acte chirurgical qui consiste à retirer une partie d'un organe ou sa totalité.

Adénopathie : ganglion lymphatique qui a augmenté de volume (à cause d'une infection, d'un cancer).

ADN : acide désoxyribonucléique, molécule contenant toutes les informations génétiques d'une cellule, d'un individu, et composant les chromosomes.

Angiogenèse : formation de nouveaux vaisseaux sanguins autour d'une tumeur, qui lui permettent de grossir.

Antiaromatase : inhibiteur de l'aromatase, famille de médicaments utilisée dans l'hormonothérapie du cancer du sein.

Anticoagulant : médicament qui empêche la formation de caillots dans les veines.

Anticorps : un des types de défenses immunitaires du corps.

Antioxydant : substance capable de neutraliser ou de diminuer les dommages causés par les radicaux libres dans l'organisme (exemple : vitamine C et E, sélénium).

Apoptose : phénomène de mort naturelle des cellules (elles meurent sans laisser de débris cellulaires).

Bénin : adjectif signifiant qu'une maladie, une tumeur, n'est pas cancéreuse (au contraire de « malin »).

Bilan : ensemble d'examens qui sont réalisés avant de débuter un traitement ou dans le cadre de la surveillance.

Biopsie : prélèvement d'une petite quantité de tissu humain dans le but de l'analyser au microscope et de déterminer s'il existe des cellules cancéreuses ou non.

Cancer : toute croissance anormale de cellules qui mène à une tumeur maligne.

Cancérigène/Cancérogène : qui a la propriété de provoquer ou de favoriser le développement d'un cancer (terme recommandé : cancérogène). Exemple : le tabac, l'amiante…

Cancérogenèse/carcinogenèse : ensemble des mécanismes aboutissant à la formation et au développement des cancers.

Carcinome : un des trois grands types de cancers.

Cathéter : fin tuyau introduit dans un vaisseau pour injecter des médicaments sans qu'ils soient en contact direct avec la paroi des petites veines.

Cellule : unité de base de tout organisme vivant qui s'assemble pour former des tissus, puis des organes.

Cellules souches : jeunes cellules qui ont la possibilité de se transformer en toutes les cellules du corps.

Chambre implantable (ou **cathéter implantable**) : petit réservoir implanté sous la peau et relié à une veine profonde, facilitant l'administration de chimiothérapie.

Chimiothérapie : traitement faisant appel à des produits chimiques qui détruisent ou empêchent la prolifération de cellules malades.

Classification TNM : système international de classification des tumeurs malignes évaluant la tumeur, les ganglions et les métastases si c'est le cas (T pour *tumor*, tumeur, N pour *node*, ganglion, et M pour *metastasis*).

Cryothérapie : traitement qui détruit la tumeur en la congelant grâce à un instrument qui délivre du froid.

Curage ganglionnaire : suppression chirurgicale de ganglions lymphatiques.

Curiethérapie : type de radiothérapie qui utilise un produit radioactif contenu dans un fil (ou une aiguille, un grain) placé au contact de la tumeur.

Effets secondaires/indésirables : troubles médicaux provoqués par un traitement.

Endoscopie : examen utilisant un tube optique qui permet d'étudier l'intérieur d'un organe et de faire des biopsies.

Essai clinique : étude vérifiant l'intérêt d'un nouveau traitement en le comparant le plus souvent à un autre traitement utilisé classiquement.

Fibroscopie : voir **Endoscopie**.

Ganglion lymphatique : groupe de cellules filtrant et épurant la lymphe.

Globule (rouge/blanc) : cellule contenue dans le sang (les globules rouges transportent l'oxygène, les globules blancs luttent contre les infections, etc.).

Hormonodépendance (adj. : **hormonodépendant**) : cancer dont le développement est sensible aux hormones sexuelles.

Immunothérapie : principe de traitement qui stimule les défenses immunitaires pour combattre une maladie.

In situ : cancer qui reste strictement localisé et qui n'envahit pas les tissus aux alentours.

Interleukine : élément du système immunitaire qui est en quantité insuffisante au cours de certains cancers et qui est utilisé comme traitement en immunothérapie.

Invasif : type de cancer qui est susceptible de produire des métastases.

Leucémie : ensemble de maladies caractérisées par la prolifération de globules blancs anormaux dans la moelle osseuse.

Lobectomie : opération qui consiste à retirer le lobe d'un poumon (le poumon gauche est composé de 2 lobes, le droit de 3).

Lymphe : liquide incolore contenant des globules blancs, qui circule dans les vaisseaux lymphatiques et qui draine le corps.

Lymphœdème : gonflement dû à l'accumulation de lymphe dans des tissus et provoqué par l'obstruction des vaisseaux lymphatiques.

Lymphome : ensemble de maladies caractérisées par la prolifération des cellules du tissu lymphoïde (ganglions lymphatiques, rate…).

Malin, maligne : se dit d'une tumeur qui est cancéreuse et qui est capable d'envahir les tissus environnants.

Marqueur tumoral : substance produite par le cancer qui peut aider à faire le diagnostic d'un cancer ou à la surveillance après son traitement.

Mastectomie : ablation chirurgicale d'un sein.

Mélanome : cancer se développant dans les mélanocytes, les cellules de la peau, des yeux ou des cheveux, qui produisent un pigment, la mélanine.

Métastase : foyer secondaire d'une tumeur, à distance du cancer d'origine.

Mucite : irritation de la muqueuse de la bouche et de la gorge, provoquée par la chimiothérapie ou la radiothérapie.

Myélome : tumeur composée de cellules de la moelle osseuse dont elle provient.

Oncogène : gène qui favorise le développement d'un cancer en étant capable de stimuler la prolifération anarchique des cellules (opposé : anti-oncogène ou gène suppresseur de tumeur).

Oncologue : cancérologue.

Prélèvement : voir **Biopsie**.

Protocole médical : ensemble des modalités d'un traitement, des règles à respecter et des gestes à effectuer au cours d'une prise en charge thérapeutique ou d'un essai clinique. À l'heure actuelle, les protocoles médicaux sont déterminés à l'échelle internationale.

PSA : sigle anglophone de l'Antigène Prostatique Sérique marqueur tumoral du cancer de la prostate.

Radicaux libres : substances (atomes) qui seraient capables, lorsqu'elles sont en excès dans le corps, d'accélérer le vieillissement et le développement de maladies. Les radicaux libres sont neutralisés par les antioxydants.

Radiothérapie : type de traitement utilisant les rayonnements ionisants émis par certains éléments radioactifs (radium), rayonnements qui détruisent les cellules cancéreuses.

Rechute : réapparition d'un cancer qui n'a pas vraiment guéri.

Récidive : apparition d'un nouveau cancer, de la même nature que le premier, après qu'on a constaté la disparition de celui-ci.

Récepteur : protéine présente à la surface d'une cellule, qui a la capacité de reconnaître une substance ou un message et d'agir en réaction à cette substance.

Rémission : disparition des symptômes et des signes d'une maladie. Ce terme, dans les cancers, est préféré à celui de *guérison*.

Thérapie génique : technique qui utilise un gène pour soigner une maladie.

Tissu : ensemble de cellules d'une même nature (exemple : tissu mammaire).

Tumeur : masse de tissu anormale, qui provient d'une multiplication anarchique de cellules. Elle peut être bénigne (non cancéreuse) ou maligne (cancéreuse).

Tumorectomie : opération chirurgicale qui consiste à ne retirer que la tumeur, en passant au large de ses limites.

Vaisseaux lymphatiques : vaisseaux qui transportent la lymphe.

Adresses utiles

AIDEA (Accompagnement et information pour le droit à l'emprunt et à l'assurabilité)
Tél. : 0 810 111 101

Assurance maladie (L'Assurance maladie en ligne)
Site : www.ameli.fr

Cancer info service (service gratuit et anonyme d'accueil de la Ligue nationale contre le cancer)
Du lundi au samedi de 8 heures à 20 heures
Tél. : 0 810 810 821
Site : www.ligne-cancer.net

Centre international de recherche sur le cancer (CIRC)
150, cours Albert-Thomas
69372 Lyon Cedex 08
Tél. : 04 72 73 84 85
Site : www.iarc.fr

Fédération nationale des centres de lutte contre le cancer (FNCLCC)
101, rue de Tolbiac
75013 Paris
Tél. : 01 44 23 04 04
Site : www.fnclcc.fr

Fondation pour la recherche médicale
54, rue de Varenne
75007 Paris
Tél. : 01 44 39 75 75
Site : www.frm.org

Groupe coopérateur multidisciplinaire en oncologie (GERCOR)
22, rue Mahler
75004 Paris
Tél. : 01 40 29 85 00
Site : www.canceronet.com

Institut national du cancer (INCA)
52, avenue André-Morizet
92513 Boulogne-Billancourt Cedex
Tél. : 01 41 10 50 00
Site : www.e-cancer.fr

Institut national de prévention et d'éducation pour la santé (INPES)
42, boulevard de la Libération
93203 Saint-Denis Cedex
Tél. : 01 49 33 22 22
Site : www.inpes.sante.fr

Institut national de recherche et de sécurité (INRS)
30, rue Olivier-Noyer
75680 Paris Cedex 14
Tél. : 01 40 44 30 00
Site : www.inrs.fr

Société française du cancer (SFC)
14, rue Corvisart
75013 Paris
Tél. : 01 45 87 27 62
Site : www.sfc.asso.fr

Tabac info service
Du lundi au samedi de 8 heures à 2 heures
Tél. : 0 825 309 310
Site : www.tabac-info-service.fr

ASSOCIATIONS DE PATIENTS ET FÉDÉRATIONS MÉDICALES

Association pour la recherche sur le cancer (ARC)
9, rue Guy-Môquet
94800 Villejuif
Tél. : 01 45 59 59 59
Site : www.arc.asso.fr

Ligue nationale contre le cancer
12, rue Corvisart
75013 Paris
Tél. : 01 53 55 24 00 ou 0 810 111 101
Site : www.ligue-cancer.net.fr

Cancers du sein

Étincelle
27 bis, boulevard Victor-Cresson
92130 Issy-les-Moulineaux
Tél. : 01 44 30 03 03
Site : www.etincelle.asso.fr

Europa Donna
14, rue Corvisart
75013 Paris
Tél. : 01 44 30 07 66
Site : www.europadonna.fr

Vivre comme avant
14, rue Corvisart
75013 Paris
Tél. : 01 53 55 25 26
Site : www.vivrecommeavant.fr

Cancers digestifs

Fédération des stomisés de France (FSF)
76-78, rue Balard
75015 Paris
Tél. : 01 456 57 40 02
Site : www.fsf.asso.fr

Fédération française de cancérologie digestive (FFCD)
Site : www.ffcd.fr

Cancer du poumon

Fédération française de pneumologie (FFP)
66, boulevard Saint-Michel
75006 Paris
Tél. : 01 42 34 54 92

Société de pneumologie de langue française (SPLF)
66, boulevard Saint-Michel
75006 Paris
Tél. : 01 46 34 03 87
Site : www.splf.fr

Leucémies

Cent pour sang la vie
83, boulevard Vincent-Auriol
75013 Paris
Tél. : 01 45 84 85 17
Site : www.centpoursanglavie.org

Fédération leucémie espoir (FLE)
37, rue Paul-Valéry
29000 Quimper
Tél. : 02 98 95 53 71
Site : www.leucemie-espoir.org

Cancers de l'enfant et de l'adolescent

À chacun son Everest
19, rue du Pré-de-Challes
Arc de Jade
74940 Annecy-le-Vieux
Tél. : 04 50 64 00 64
Site : www.achacunsoneverest.com

Jeunes solidarité cancer
14, rue Corvisart
75013 Paris
Site : www.jscforum.net

Cancers professionnels

Association nationale de défense des victimes de l'amiante (ANDEVA)
22, rue des Vignerons
94686 Vincennes
Tél. : 01 41 93 73 87
Site : andeva.free.fr

Fédération nationale des accidentés du travail et des handicapés (FNATH)
47, rue des Alliés
42030 Saint-Étienne Cedex 2
Tél. : 04 77 49 42 42
Site : www.fnath.org

TABLE DES MATIÈRES

PRÉFACE 9

AVANT-PROPOS 11

CHAPITRE I. LES CANCERS. GÉNÉRALITÉS

Qu'est-ce qu'un cancer ? 15

Cancer primitif, métastases, cancer généralisé :
    quelles différences ? 16

Peut-on prévoir quelle sera l'évolution
    d'un cancer ? 17

Comment établit-on le diagnostic d'un cancer ? 17

Quels examens sont réalisés après la découverte
    d'un cancer ? 19

Quels médecins s'occupent des cancers ?................ 19

Qu'appelle-t-on système TNM ?............................ 20

Combien de cancers existe-t-il ? 21

Quelles sont les causes des cancers ?...................... 21

Qu'est-ce qu'un état précancéreux ?...................... 22

Qu'appelle-t-on « facteur de risque » ? 23

Le cancer est-il héréditaire ? 23

Qu'appelle-t-on « gènes du cancer » ?.................... 24

Une infection par un microbe peut-elle
    provoquer un cancer ?................................... 24

Une faiblesse des défenses immunitaires
    favorise-t-elle le cancer ?.............................. 25

Le stress peut-il être à l'origine d'un cancer ?......... 26

Et une dépression, un choc ?.............................. 27

Une cicatrice peut-elle être à l'origine
    d'un cancer ?... 27

Un coup, un traumatisme peuvent-ils
    provoquer un cancer ?................................... 27

Les cancers sont-ils plus fréquents qu'avant ?......... 27

Quels sont les cancers les plus fréquents ?.............. 29

Les cancers des enfants : que faut-il craindre ?....... 30

Quels signes doivent alerter ?............................. 31

Que dire à un enfant malade ? 31

*Quelles sont les particularités des cancers
chez les adolescents ?*..................................... 32

Les cancers chez les personnes âgées
sont-ils différents ?... 32

Les cancers de l'enfant, de l'adolescent
et de la personne âgée sont-ils
plus graves que les autres ? 34

A-t-on plus de chances de guérir
de certains cancers que d'autres ? 34

Est-il vraiment possible de guérir d'un cancer ?..... 34

Quelles peuvent être les complications
des cancers ? 35

Pourquoi est-on si fatigué ?............................... 36

Comment évolue la fatigue au cours
de la maladie ?... 37

Comment gérer la fatigue ? 38

Pourquoi a-t-on moins d'appétit
et pourquoi maigrit-on ? 39

La douleur est-elle systématique ?....................... 41

Sait-on combattre la douleur ? 42

Quels sont les médicaments utilisés
contre la douleur ?... 43

Faut-il avoir peur de la morphine ?.................. 44

La douleur est-elle gérée de la même
manière chez les enfants et les personnes âgées ?..... 45

Quels impacts a un cancer sur le psychisme ?........ 47

CHAPITRE II. PRÉVENTION,
LES BONNES HABITUDES À PRENDRE

Quel est l'impact de notre mode de vie
sur les cancers ? 49

Quelles sont les grandes mesures de prévention ?... 50

Pourquoi le tabagisme provoque-t-il
des cancers ? 51

Quels cancers sont causés par le tabac ?................ 51

Le tabagisme passif est-il aussi dangereux ? 52

*Quelles sont les mesures prises en France
contre le tabagisme ?* 53

Existe-t-il un dépistage spécial pour les fumeurs ?.. 54

Pourquoi l'alcool augmente-t-il
le risque de cancers ? 55

Quels cancers sont provoqués par l'alcool ? 57

*À partir de quel niveau de consommation
d'alcool faut-il s'inquiéter ?* 57

Quel est le rôle de l'alimentation
sur les cancers ? 57

*Par quels mécanismes l'alimentation a-t-elle
une influence sur les cancers ?*............................ 58

*Quelle alimentation est conseillée
dans la vie quotidienne ?*.................................... 58

Faut-il privilégier les légumes crus, ou cuits ?........ 62

Quel mode de cuisson choisir ? 62

Que penser des additifs ? 62

*Les compléments nutritionnels
et les vitamines ont-ils un intérêt ?* 63

Les OGM sont-ils dangereux ? 63

Le soja a-t-il un intérêt ? 64

Qu'est-ce qu'un contaminant ? 64

Faut-il se méfier des dioxines ? 64

Le thé vert est-il protecteur ? 65

Pourquoi l'activité physique e
st-elle bénéfique ? 66

À quel rythme pratiquer une activité physique ? 66

Pourquoi faut-il se protéger du soleil ? 66

Peut-on se passer de soleil ? 67

Comment bien utiliser les crèmes solaires ? 67

*Est-on protégé grâce au bronzage
ou à une peau foncée ?* 69

Que penser des cabines à UV ? 69

Et des gélules « préparatrices de bronzage » ? 69

Comment protéger les enfants du soleil ? 69

Faut-il faire surveiller de manière
systématique les grains de beauté ? 71

Quel est l'impact de la pollution ? 72

Les pesticides sont-ils dangereux ? 73

Faut-il se méfier des déodorants ? 73

Que penser des produits ménagers ? 73

La pilule contraceptive augmente-t-elle
le risque de cancer ? 74

Et le THS, traitement hormonal substitutif ? 74

La mélatonine protège-t-elle du cancer ? 75

Les téléphones portables favorisent-ils
la survenue d'un cancer ? 75

Et les lignes à haute tension ? 76

Quel est le rôle de la radioactivité ? 77

Faut-il se méfier des examens qui utilisent
la radioactivité ? 77

Et les centrales nucléaires ? 78

Que penser du radon ? 78

Quels produits d'entretien utiliser ? 79

Les jouets en plastique, contenant des phtalates,
présentent-ils des risques ? 79

Et les éthers de glycol ? 80

CHAPITRE III. DÉPISTAGE :
LE MOYEN D'AUGMENTER LES CHANCES DE GUÉRISON

Comment se fait un dépistage ? 81

Comment dépiste-t-on le cancer du sein ? 83

Comment faire une autopalpation
des seins ? 84

En quoi consiste le dépistage du cancer
du col de l'utérus ? 85

En quoi consiste le dépistage
du cancer colorectal ? 85

Et le dépistage du cancer de la prostate ? 86

Comment dépister les cancers de la peau ? 87

Quels dépistages sont proposés
aux enfants et aux adolescents ? 89

Pourquoi ne fait-on pas des dépistages
à tout le monde ? 89

CHAPITRE IV. LES DIVERS TRAITEMENTS

Généralités 91

Quand parle-t-on de guérison ? 92

Qu'est-ce qu'une rémission ? 92

Qu'appelle-t-on « récidive » ? 92

Qu'est-ce que la pluridisciplinarité ? 93

La chirurgie 94

   Quels sont les différents types de chirurgie ?.......... 94

   Quelles sont les complications de la chirurgie ? 95

Le curage ganglionnaire... 96

La chimiothérapie 96

   Qu'est-ce qu'une chimiothérapie ? 96

   Quels sont les médicaments utilisés ? 97

   Comment agissent les médicaments
      de chimiothérapie ? 98

   Comment ça se passe en pratique ?...................... 99

   Où a lieu la chimiothérapie ? 100

   Qu'est-ce qu'un cathéter
      ou une chambre implantable ? 101

   Quels sont les inconvénients
      de la chambre implantable ?............................... 102

   Comment est administrée
      la chimiothérapie à domicile ?............................ 102

   Combien de temps dure la chimiothérapie ?.......... 102

   Quels examens sont nécessaires
      avant une cure de chimiothérapie ?.................... 103

Quels sont les effets indésirables
de la chimiothérapie ? 103

Comment sont soignés les nausées
et les vomissements ?... 105

Quels sont les effets de la chimiothérapie
sur le sang ?... 105

Peut-on prévenir la perte des cheveux ? 106

Quelles sont les solutions pour compenser
la perte des cheveux ?... 106

Comment sont traités les autres effets
secondaires de la chimiothérapie ?...................... 107

Quel est le retentissement de la chimiothérapie
sur la vie de couple ?.. 108

La radiothérapie 109

Quels sont le principe et l'intérêt
de la radiothérapie ?.. 109

Quelles sont les différentes formes
de radiothérapie ?.. 110

Comment se passe la radiothérapie externe ? 110

Et la radiothérapie interne, ou curiethérapie ?........ 111

Quelles sont les précautions à prendre
pendant la radiothérapie ? 112

Quels sont les effets secondaires immédiats
de la radiothérapie ? 112

Comment sont traités les effets indésirables
de la radiothérapie ? 114

Quels sont les effets plus tardifs
de la radiothérapie ? 114

La radiothérapie est-elle dangereuse ? 115

Est-il normal d'être fatigué ou anxieux
pendant ce traitement ? 115

L'hormonothérapie 116

Qu'est-ce que l'hormonothérapie ? 116

L'hormonothérapie a-t-elle
des effets secondaires ? 117

L'immunothérapie 117

Quels sont les effets indésirables
de l'immunothérapie ? 118

Les « thérapies cellulaires complémentaires » 118

Le traitement ciblé 119

Les médecines douces..................................... 119

Quelles sont les différents types
de « médecines douces » ?.............................. 120

Les médecines douces sont-elles efficaces ?............. 121

Les médecines douces peuvent-elles
être dangereuses ? 122

Les autres questions liées aux traitements.............. 124

Que se passe-t-il si l'on arrête complètement
un traitement anticancéreux ?............................ 124

Qu'est-ce qu'un traitement palliatif ? 125

Quel est le retentissement des traitements
sur la fertilité chez les femmes ? 125

Quel est le retentissement chez les hommes ? 126

Les traitements anticancéreux
altèrent-ils la sexualité ?.................................. 127

Comment se passent les consultations
pendant le traitement ?.................................. 128

Comment vivre le mieux possible
ses traitements ?... 128

Pourquoi un suivi médical est-il nécessaire
après l'arrêt des traitements ?............................ 129

Comment évalue-t-on l'efficacité
d'un médicament ?.. 130

Comment se passe un essai clinique ?.................. 130

*Les essais cliniques sont-ils ouverts
à tous les patients ?*...................................... 133

CHAPITRE V. LES PRINCIPAUX CANCERS

Le cancer du sein.. 135

Combien de victimes du cancer du sein ?.............. 135

Quels en sont les signes ?.................................... 136

Quelle est la cause du cancer du sein ?.................. 136

Comment fait-on le diagnostic ?.......................... 136

Qu'est-ce qu'une macrobiopsie ?.......................... 137

Quels sont les différents traitements
du cancer du sein ?.. 138

Quand commencer la prise en charge ?................. 138

Qu'est-ce que la chirurgie « conservatrice »
du sein ?... 139

Qu'appelle-t-on « mastectomie » ?....................... 139

Quelles sont les complications
de la tumorectomie et de la mastectomie ?........ 140

Quels sont les types de prothèse
mammaire externe ? 141

Quand peut-on bénéficier d'une reconstruction
mammaire ?... 141

Comment choisir le type de reconstruction ?......... 143

Quels résultats espérer ? 144

Qu'est-ce qu'un curage axillaire ?........................... 145

Quelles sont les complications possibles ?............... 145

Qu'est-ce que le « syndrome du gros bras » ?......... 146

*Quelles sont les solutions contre le syndrome
du gros bras ou lymphœdème ?* 146

Quelles sont les spécificités de la chimiothérapie
dans le cancer du sein ?.. 147

Pourquoi et où fait-on la radiothérapie ? 148

Quels sont les effets secondaires
de la chimiothérapie et de la radiothérapie
du cancer du sein ?.. 149

Comment se passe l'hormonothérapie ? 151

*Quels sont les effets indésirables
de l'hormonothérapie ?* 151

Peut-on reprendre une activité sportive ?............... 152

Peut-on reprendre son travail ?.............................. 153

La pilule contraceptive et le traitement
hormonal substitutif sont-ils dangereux
après un cancer du sein ? 153

Le cancer de la thyroïde 153

Quelles sont les suites d'un cancer de la thyroïde ? 154

Le cancer de l'ovaire 155

Cancer et grossesse 155

Que se passe-t-il si un cancer survient
pendant la grossesse ? 155

Peut-on être enceinte après un cancer ? 156

L'allaitement est-il possible après un cancer ?......... 157

Comment rester féminine pendant sa maladie ?..... 158

Le cancer de la prostate 159

Quelle est la différence entre un adénome
et un cancer de la prostate ?............................. 159

Comment découvre-t-on le cancer de la prostate ? 160

Comment fait-on le diagnostic définitif ?............... 161

Quels sont les différents traitements
du cancer de la prostate ?................................. 162

Comment agit l'hormonothérapie ? 163

Quelles sont les différentes techniques
de prostatectomie totale ? 164

Quels sont les inconvénients
de la prostatectomie totale ? 165

Quelles sont les solutions contre
les troubles sexuels ? 166

Quel est le suivi après une prostatectomie ? 167

Comment se passe la radiothérapie
externe et quels en sont les inconvénients ?........ 167

Quel est le suivi après ce type de traitement ?........ 168

Comment se déroule la curiethérapie ? 169

Quels sont les inconvénients de la curiethérapie ? .. 169

Quelles sont les spécificités
du traitement par ultrasons ?.............................. 170

Le cancer du testicule... 171

Comment est découvert le cancer du testicule ?..... 171

Quels sont les facteurs qui favorisent
le cancer du testicule ?.. 172

Quel est le bilan réalisé pour
un cancer du testicule ?.. 172

Quels sont les grands types de cancer du testicule ? 173

Quels sont les traitements du cancer
du testicule ? 174

Quel retentissement a le cancer du testicule
sur la fertilité et la sexualité ? 175

Quelles sont les chances de guérison
d'un cancer du testicule ? 176

En quoi consiste la surveillance ? 176

Le cancer du poumon 176

Quelles sont les causes du cancer du poumon ?..... 176

Quels sont les premiers signes
d'un cancer du poumon ? 177

Comment fait-on le diagnostic
d'un cancer du poumon ? 178

Quelles sont les différentes formes
de cancer du poumon ?...................................... 179

Quels sont les traitements possibles ? 179

Comment se passe l'opération
d'un cancer du poumon ? 180

Qu'advient-il après l'opération ?.......................... 181

*Peut-on reprendre une vie normale
après l'opération ?*.. 181

Faut-il arrêter de fumer après l'opération ?........... 182

Comment se passe la chimiothérapie ?................... 1

Et la radiothérapie ? 18:

Qu'est-ce que le traitement par le laser ?.............. 184

Qu'appelle-t-on « curiethérapie endobronchique » ? 184

Qu'est-ce que la « photochimiothérapie
    endobronchique » ?.. 185

La respiration est-elle perturbée par les traitements
    ou au cours de l'évolution de la maladie ? 185

Quelle est la surveillance après
    un cancer du poumon ? 186

Pourquoi ne pas dépister le cancer du poumon
    chez les fumeurs ?... 187

Qu'est-ce qu'un cancer de la plèvre ?.................... 188

Le cancer colorectal... 188

Les cancers du côlon et du rectum
    sont-ils fréquents ?.. 188

Quels sont les principaux facteurs
    qui favorisent le cancer colorectal ? 189

Quels sont les autres facteurs ?............................... 189

Peut-on prévenir le cancer colorectal ?.................. 190

Existe-t-il des formes héréditaires ?........................ 190

Comment découvre-t-on un cancer colorectal ?..... 191

Qu'est-ce qu'une coloscopie virtuelle ?.................. 193

Quels sont les traitements du cancer colorectal ? ... 193

Comment se passe la chirurgie ? 195

Quelles complications peuvent survenir ?.............. 196

Qu'est-ce qu'un anus artificiel ou une « stomie » ? 196

Comment fonctionne l'intestin après l'opération ?.. 197

Comment vit-on avec un anus artificiel ? 197

Peut-on reprendre une vie normale après
l'opération d'un cancer colorectal ?........................ 198

Comment se passe la chimiothérapie ?.................. 199

Quand et comment est utilisée la radiothérapie ? .. 200

Quelles sont les conséquences de la radiothérapie ?. 200

Quels sont les nouveaux traitements
contre le cancer colorectal ?............................... 201

Peut-on vivre normalement pendant
le traitement et après ? 202

Quelle surveillance est nécessaire
après un cancer du côlon ou du rectum ?.......... 203

Les autres cancers digestifs 203

Quels sont les autres cancers digestifs ?................. 203

Les cancers de la peau.. 2

Quels sont les différents cancers de la peau ?......... 205

Comment reconnaître un mélanome ?.................... 206

Comment reconnaître un carcinome ?.................... 207

Comment traiter un cancer de la peau ?................ 207

Les leucémies et les lymphomes............................ 208

Qu'est-ce qu'une leucémie ?................................... 208

Quelles sont les différentes sortes de leucémies ?.... 208

Qu'est-ce qu'une leucémie chronique ?.................. 209

Qu'est-ce qu'une leucémie aiguë ?......................... 210

Quelles sont les causes des leucémies ?.................. 210

Qu'est-ce que la leucémie lymphoblastique
aiguë chez l'enfant ? 211

D'abord, comment établit-on le diagnostic ?.......... 211

Comment est traitée cette leucémie ?...................... 212

*Quelle surveillance est nécessaire
et que se passe-t-il en cas de rechute ?* 212

Comment est prise en charge une leucémie
myéloïde aiguë ?.. 213

Comment se passe une greffe de moelle ?.............. 213

Qu'est-ce qu'une greffe de cellules souches ?.......... 214

Quelles sont les complications des greffes ?............ 215

Quels sont les progrès dans la prise en charge
des leucémies chez l'enfant et l'adolescent ?....... 215

Qu'est-ce qu'un lymphome ? 216

Quelles sont les différentes sortes de lymphomes ? ... 216

*Quelles sont les caractéristiques des lymphomes
malins non hodgkiniens ?* 217

*Quelles sont les spécificités de la maladie
de Hodgkin ?* 218

Les cancers professionnels 220

Qu'appelle-t-on « cancer professionnel » ?.............. 220

Quelle est la fréquence des cancers
professionnels ?.. 220

Quelles substances sont dangereuses
sur le lieu de travail ? 222

Quels sont les principaux cancers
professionnels ?.. 222

Comment est déclaré un cancer professionnel ?..... 222

De quelle prise en charge bénéficient
les malades d'un cancer professionnel ?.............. 223

Comment peut-on être indemnisé ?....................... 223

De quelle protection bénéficient les travailleurs
exposés à des produits toxiques ?........................ 224

CHAPITRE VI. LA PSYCHOLOGIE,
ESSENTIELLE TOUT AU LONG DE LA MALADIE

Qu'est-ce que la psycho-oncologie ?...................... 227

À quoi sert la psycho-oncologie ?........................... 228

Qu'est-ce que le « dispositif d'annonce » ? 229

Comment se passe la consultation d'annonce ?...... 230

Les professionnels de santé ont-ils une formation
en communication ?... 231

Quels sont les bénéfices d'une annonce
plus humaine ? 232

Faut-il demander un autre avis ?........................... 232

Quelles informations sont données au patient ?..... 233

Quelles informations sont données
aux proches du malade ? 234

Les médecins cachent-ils la gravité de la maladie ?. 235

Comment annoncer la nouvelle à son conjoint ? ... 235

La vie sexuelle est-elle modifiée par le cancer
et ses traitements ?.. 236

Comment retrouver une sexualité épanouie ?......... 236

Que faut-il dire à son entourage ?......................... 237

Comment aider son conjoint
pendant sa maladie ? 238

Comment parler de sa maladie avec ses enfants ?... 238

Comment gérer les relations avec son entourage ? . 240

Comment aménager sa vie quotidienne ?............... 241

Comment gérer le stress et l'anxiété ? 242

Comment réagir face à la dépression ? 243

À qui parler de ses problèmes ?.............................. 244

Quel est l'intérêt d'un groupe de parole
      pour un malade ? 245

Et d'un groupe de soutien pour l'entourage ?........ 245

Malade ou proche, comment vivre la culpabilité ?. 246

Que se passe-t-il quand un de ses enfants
      est malade ?.. 246

Comment vivre la maladie de ses parents ?............ 247

CHAPITRE VII. LES QUESTIONS PRATIQUES,
SOCIO-PROFESSIONNELLES ET FINANCIÈRES

Quelle prise en charge est effectuée
      par l'assurance maladie ?................................... 249

Quelles démarches faut-il faire pour bénéficier
      d'une prise en charge « affection longue
      durée » (ALD) ?.. 250

Que prend en charge le 100 % ?............................ 250

Comment est compensée la perte de salaire ?......... 251

Comment s'en sortir financièrement ? 252

Que se passe-t-il lorsque l'on est au chômage ?...... 253

Faut-il parler de sa maladie à son employeur ?....... 253

Peut-on en parler à ses collègues ?........................ 254

Peut-on continuer à travailler après un cancer ?..... 254

En cas de reprise du travail,
existe-t-il des aménagements ?............................ 255

Comment se passe un mi-temps thérapeutique ? ... 255

Et si le poste de travail n'est plus adapté
à l'état de santé ?... 256

Peut-on être licencié à cause d'une absence
pour maladie ?.. 257

Que se passe-t-il s'il n'est pas possible
de reprendre son travail ? 258

Qu'est-ce que la retraite pour inaptitude
au travail ?... 258

De quelles aides est-il possible de bénéficier ?........ 259

Peut-on obtenir un prêt après un cancer ? 260

Quelles démarches faut-il faire dans le but
d'obtenir une assurance
pour un emprunt bancaire ?.............................. 260

Un proche peut-il bénéficier d'un congé particulier
en cas de soins palliatifs ?.................................... 262

Quels congés peuvent prendre les parents d'un
enfant malade qui n'est pas en soins palliatifs ? . 263

De quelles aides peut bénéficier
un enfant malade ?.. 264

CHAPITRE VIII. L'AVENIR, LES ESPOIRS

Que propose la recherche ?.................................... 267

Où en sont les thérapies géniques
dans le cancer ?.. 268

Qu'est-ce qu'un vaccin contre le cancer ?.............. 268

Qu'en est-il du vaccin contre le risque de cancer
du col de l'utérus ?... 269

Existe-t-il de nouveaux médicaments,
de nouveaux examens ?...................................... 271

Qu'est-ce que les traitements contre l'angiogenèse ? 272

Quand guérira-t-on du cancer ?........................... 273

GLOSSAIRE... 275

ADRESSES UTILES.. 283

EN POCHE AUX ÉDITIONS MARABOUT

Santé – Forme – Sexualité

40 ans pour longtemps, M. Bulher et J. Rousselet-Blanc, n° 2883

130 desserts pour diabétiques, C. Fouquet et C. Pinson, n° 2910

130 plats uniques minceur, T. Ellul-Ferrari, n° 2852

130 recettes anti-cholestérol, L. Cariel, D. Chauvois, C. Gouesmel, n° 2890

130 recettes bien-être, L. Cariel, D. Chauvois, n° 2891

130 recettes minceur, T. Ellul-Ferrari, n° 2841

130 recettes sans sel, C. Gouesmel, C. Pinson, n° 2914

130 recettes ventre plat, C. Pinson, n° 2922

130 recettes végétariennes, C. Pinson, n° 2925

130 recettes sans gluten, C. Pinson et S. Giacobetti, n° 2906

177 façons d'emmener une femme au septième ciel, Saint-Loup, n° 2783

203 façons de rendre fou un homme au lit, J. Saint-Ange, n° 2771

208 nouvelles façons de rendre un homme fou de désir, Saint-Loup, n° 2834

302 techniques avancées pour rendre fou un homme, Saint-Ange, n° 2898

365 jours de sexe, L. L. Paget, n° 2911

Alimentation antioxydante (L'), Dr S. Rafal, n° 2840

Alternative aux antibiotiques (L'), Dr G. Pacaud, n° 2905

Art de faire l'amour à un homme (L'), L. L. Paget, n° 2874

Art de faire l'amour à une femme (L'), L. L. Paget, n° 2875

Aux petits maux les bons remèdes, Dr G. Pacaud, n° 3209

Best Sex, T. Cox, n° 2880

Bien nourrir sa peau, Dr N. Pomarède, n° 2897

C'est trop bon ! la forme en 200 recettes, Dr D.-A. Cassuto, n° 2912

Cancer, toutes vos questions, toutes les réponses, M. Carrère d'Encausse et M. Cymès, n° 2926

Cerveau en pleine forme (Un), A. Dufour, n° 2878

Comment faire l'amour à un homme, A. Penney, n° 2737

Comment faire l'amour à une femme, M. Morgenstern, n° 2738

Comment gérer son stress, V. Pieffer, n° 2808

Comment vivre longtemps sans faire de vieux os, Dr S. Rafal, n° 2913

Découvrir le Feng Shui, S. Brown, n° 2802

Décrochez ! Dr S. Angel, n° 2893

Détox anti-âge, Dr D. Lamboley, n° 2909

Diététique du Yin et du Yang, Dr C. You-Wa, n° 2920

Do-in, a voie e l'énergie, A.-B. Leygues, n° 2921

Et si c'était la thyroïde ? Dr P. Nys, n° 2903

Feng Shui santé (Le), R. Saint-Arnauld, n° 2856

Fini les rhumatismes ! Dr J.-L. Dervaux, n° 2900

Guide des fleurs du Dr Bach (Le), P. Ferris, n° 2835

Guide des pierres de soins (Le), R. Boschiero, n° 2831

Guide du Feng Shui (Le), R. Saint-Arnauld, n° 2817

Guide pratique antidouleur, Dr S. Rafal, n° 2917

Hanches et fesses parfaites en 10 minutes par jour, L. Raisin, n° 2768

Livre de bord de la future maman, Dr M.-C. Delahaye, n° 2717

Maigrir, l'anti-régime, Dr D. Benchetrit, n° 2919

Maigrir, trouver votre poids idéal, Dr A. Cocaul, n° 2894

Maigrir selon son profil hormonal, Dr P. Nys, n° 2865

Médecine traditionnelle chinoise : une introduction, Dr J.-M. Kespi, n° 2928

Mémoire du corps (La), P. Hammond, n° 2901

Ménopause au naturel (La), Dr S. Rafal, n° 2868

Migraines et maux de tête, Dr J.-L. Dervaux, n° 2882

Mince… je fonds et ça dure ! Drs D. Arsac, M. Gourmelon
  et C. Paturel, n° 2915

Nouveaux Remèdes naturels (Les), J.-M. Pelt, n° 2869

Orgasme sans tabou (L'), L. L. Paget, n° 2885

Pour en finir avec le tabac, Dr J.-L. Dervaux, n° 2847

Pratique du massage chinois, Dr Y.-W. Chen, n° 2907

Régime anti-âge (Le), Dr R. C. Atkins, n° 2884

Régime brûle-graisses (Le), C. Pinson, n° 2867

Régime soupe (Le), C. Pinson, n° 2829

Régime zen (Le), C. Pinson, n° 2908

Remèdes de santé d'Hildegarde de Bingen (Les), P. Ferris, n° 2859

Se soigner par l'homéopathie, Dr G. Pacaud, n° 2727

Secrets du régime crétois (Les), Dr J.-P. Willem, n° 2827

Sex coach, F. Ploton, n° 2927

Sex toys, faites-vous plaisir, C. Foch et A. Helary, n° 2916

Sommeil, c'est vital (Le), Dr G. Pacaud, n° 2896

Sophrologie facile (La), Dr Y. Davrou, n° 2794

Super Sexe : tout ce qu'une femme doit savoir, Sacha Fauster, n° 2924

Trucs et astuces de beauté, S. Lacoste, n° 2839

Trucs et astuces de santé, S. Lacoste, n° 2838

Ventre plat en 10 minutes par jour (Un), L. Raisin, n° 2767

Yoga de Davina (Le), D. Delor, n° 2918